WES PHILOSOPHY IN SIMPLE GERMAN

CW01499301

Learn German the Fun Way With Topics That Matter

For Low- to High-Intermediate Learners (CEFR B1-B2)

by Olly Richards

Edited by Eleonora Calviello & Leonardo Vinueza

Dr. Lorenzo Testa, Academic Editor

Western Philosophy in Simple German: Learn German the Fun Way With Topics that Matter

FREE STORYLEARNING® KIT

Discover how to learn foreign languages faster & more effectively through the power of story.

Your free video masterclasses, action guides, & handy printouts include:

- A simple six-step process to maximise learning from reading in a foreign language

- How to double your memory for new vocabulary from stories

- Planning worksheet (printable) to learn faster by reading more consistently

- Listening skills masterclass: "How to effortlessly understand audio from stories"

- How to find willing native speakers to practise your language with

To claim your FREE StoryLearning® Kit, visit:

www.storylearning.com/kit

WE DESIGN OUR BOOKS TO BE INSTAGRAMMABLE!

Post a photo of your new book to Instagram

using #storylearning and you'll get an entry

into our monthly book giveaways!

Tag us **@storylearningpress** to make sure we see you!

BOOKS BY OLLY RICHARDS

Olly Richards writes books to help you learn languages through the power of story. Here is a list of all currently available titles:

Short Stories in Danish For Beginners

Short Stories in Dutch For Beginners

Short Stories in English For Beginners

Short Stories in French For Beginners

Short Stories in German For Beginners

Short Stories in Icelandic For Beginners

Short Stories in Italian For Beginners

Short Stories in Norwegian For Beginners

Short Stories in Brazilian Portuguese For Beginners

Short Stories in Russian For Beginners

Short Stories in Spanish For Beginners

Short Stories in Swedish For Beginners

Short Stories in Turkish For Beginners

Short Stories in Arabic for Intermediate Learners

Short Stories in English for Intermediate Learners

Short Stories in Italian for Intermediate Learners

Short Stories in Korean for Intermediate Learners
Short Stories in Spanish for Intermediate Learners
101 Conversations in Simple English
101 Conversations in Simple French
101 Conversations in Simple German
101 Conversations in Simple Italian
101 Conversations in Simple Spanish
101 Conversations in Simple Russian

101 Conversations in Intermediate English
101 Conversations in Intermediate French
101 Conversations in Intermediate German
101 Conversations in Intermediate Italian
101 Conversations in Intermediate Spanish

101 Conversations in Mexican Spanish
101 Conversations in Social Media Spanish
Climate Change in Simple Spanish
Climate Change in Simple French
Climate Change in Simple German
World War I in Simple Spanish
World War II in Simple Spanish
World War II in Simple French
World War II in Simple German

Western Philosophy in Simple Spanish

Western Philosophy in Simple French

Western Philosophy in Simple German

The Human Body in Simple Spanish

Rock'n'Roll in Simple Spanish

Revolutions of the World in Simple Spanish

All titles are also available as audiobooks. Just search your favourite store!

For more information visit Olly's author page at *www.storylearning.com/books*

ABOUT THE AUTHOR

 Olly Richards is a foreign language exper t and teacher. He speaks eight languages and has authored over 30 books. He has appeared in international press, from the BBC and the Independent to El País and Gulf News. He has featured in language documentaries and authored language courses for the Open University.

Olly started learning his first foreign language at the age of 19, when he bought a one-way ticket to Paris. With no exposure to languages growing up, and no natural talent for languages, Olly had to figure out how to learn French from scratch. Twenty years later, Olly has studied languages from around the world and is considered an expert in the field.

Through his books and website, StoryLearning.com, Olly is known for teaching languages through the power of story – including the book you are holding in your hands right now!

You can find out more about Olly, including a library of free training, at his website:

www.storylearning.com

CONTENTS

INTRODUCTION

I have a golden rule when it comes to improving your level and becoming fluent in a foreign language: Read around your interests. When you spend your time reading foreign language content on a topic you're interested in, a number of magical things happen. Firstly, you learn vocabulary that is relevant to your interests, so you can talk about topics that you find meaningful. Secondly, you find learning more enjoyable, which motivates you to keep learning and studying. Thirdly, you develop the habit of spending time in the target language, which is the ultimate secret to success with a language. Do all of this, and do it regularly, and you are on a sure path to fluency.

But there is a problem. Finding learner-friendly resources on interesting topics can be hard. In fact, as soon as you depart from your textbooks, the only way to find material that you find interesting is to make the leap to native-level material. Needless to say, native-level material, such as books and podcasts, is usually far too hard to understand or learn from. This can actually work against you, leaving you frustrated and demotivated at not being able to understand the material.

In my work as a language educator, I have run up against this obstacle for years. I invoke my golden rule: "Spend more time immersed in your target language!", but when students ask me where to find interesting material at a suitable level, I have no answer. That is why I write my books, and why I created this series on non-fiction. By creating learner-friendly material on interesting and important topics, I hope to make it possible to learn your target language faster, more effectively, and more enjoyably, while learning about things that matter to you. Finally, my golden rule has become possible to follow!

Western Philosophy

Who are we? What is our purpose? What is beauty? What is justice? Mankind has been trying to answer these questions since the dawn of civilization! In fact, philosophy came about as the result of debating and trying to find the answers to these very questions.

Even if the answers continue to escape us, the conversations keep us coming back! From religion to science, and from art to ethics, the importance of philosophy is tremendous and the teachings of philosophers are still widely studied and debated today.

So, join the philosophical conversation… in German!

Western Philosophy in Simple German is the ideal companion to help those with an interest in philosophy improve their German. Not only will you learn the vocabulary you need to talk about the big questions of life in German, but you will also deepen your knowledge of the key concepts and teachings of Western philosophy.

The book is written in a simple, conversational style that is easy to understand, so you can enjoy learning about philosophy while improving your German naturally at the same time!

Informative, comprehensive, and reviewed at PhD level for academic accuracy, this book is the perfect way to improve your German while learning about Western philosophy.

HOW TO USE THIS BOOK

There are many possible ways to use a resource such as this, which is written entirely in German. In this section, I would like to offer my suggestions for using this book effectively, based on my experience with thousands of students and their struggles.

There are two main ways to work with content in a foreign language:

1. Intensively

2. Extensively

Intensive learning is when you examine the material in great detail, seeking to understand all the content – the meaning of vocabulary, the use of grammar, the pronunciation of difficult words, etc. You will typically spend much longer with each section and, therefore, cover less material overall. Traditional classroom learning generally involves intensive learning.

Extensive learning is the opposite of intensive. To learn extensively is to treat the material for what it is – not as the object of language study, but rather as content to be enjoyed and appreciated. To read a book for pleasure is an example of extensive reading. As such, the aim is not to stop and study the language that you find, but rather to read (and complete) the book.

There are pros and cons to both modes of study and, indeed, you may use a combination of both in your approach. However, the "default mode" for most people is to study *intensively*. This is because there is the inevitable temptation to investigate anything you do not understand in the pursuit of progress and hope to eliminate all mistakes. Traditional language education trains us to do this. Similarly, it is not obvious to many readers how extensive study can be effective. The uncertainty and ambiguity can be uncomfortable: "There's so much I don't understand!"

In my experience, people have a tendency to drastically overestimate what they can learn from intensive study and drastically underestimate what they can gain from extensive study. My observations are as follows:

- **Intensive learning**: Although it is intuitive to try to "learn" something you don't understand, such as a new word, there is no guarantee you will actually manage to "learn" it! Indeed, you will be familiar with the feeling of trying to learn a new word, only to forget it shortly afterwards! Studying intensively is also time-consuming, meaning you can't cover as much material.

- **Extensive learning**: By contrast, when you study extensively, you cover huge amounts of material and give yourself exposure to much more content in the language than you otherwise would. In my view, this is the primary benefit of extensive learning. Given the immense size of the task of learning a foreign language, extensive learning is the only way to give yourself the exposure to the language that you need in order to stand a chance of acquiring it. You simply can't learn everything you need in the classroom!

When put like this, extensive learning may sound quite compelling! However, there is an obvious objection: "But how do I *learn* when I'm not looking up or memorising things?" This is an understandable doubt if you are used to a traditional approach to language study. However, the truth is that you can learn an extraordinary amount *passively* as you read and listen to the language, but only if you give yourself the opportunity to do so! Remember, you learned your mother tongue passively. There is no reason you shouldn't do the same with a second language!

Here are some of the characteristics of studying languages extensively:

Aim for completion: When you read material in a foreign language, your first job is to make your way through from beginning to end. Read to the end of the chapter or listen to the entire audio without worrying about things you don't understand. Set your sights on the finish line and don't get distracted. This is a vital behaviour to foster because it trains you to enjoy the material before you start to get lost in the details. This is how you read or listen to things in your native language, so it's the perfect thing to aim for!

Read for gist: The most effective way to make headway through a piece of content in another language is to ask yourself: "Can I follow the gist of what's going on?" You don't need to understand every word, just the main ideas. If you can, that's enough! You're set! You can understand and enjoy a great amount with gist alone, so carry on through the material and enjoy the feeling of making progress! If the material is so hard that you struggle to understand even the gist, then my advice for you would be to consider easier material.

Don't look up words: As tempting as it is to look up new words, doing so robs you of time that you could spend reading the material. In the extreme, you can spend so long looking up words that you never finish what you're reading. If you come across a word you don't understand… Don't worry! Keep calm and carry on. Focus on the goal of reaching the end of the chapter. You'll probably see that difficult word again soon, and you might guess the meaning in the meantime!

Don't analyse grammar: Similarly to new words, if you stop to study verb tenses or verb conjugations as you go, you'll never make any headway with the material. Try to *notice* the grammar that's being used (make a mental note) and carry on. Have you spotted some unfamiliar grammar? No problem. It can wait. Unfamiliar grammar rarely prevents you from understanding the gist of a passage, but can completely derail your reading if you insist on looking up and studying every grammar point you encounter. After a while, you'll be surprised by how this "difficult" grammar starts to become "normal"!

You don't understand? Don't worry! The feeling you often have when you are engaged in extensive learning is: "I don't understand". You may find an entire paragraph that you don't understand or that you find confusing. So, what's the best response? Spend the next hour trying to decode that difficult paragraph? Or continue reading regardless? (Hint: It's the latter!) When you read in your mother tongue, you will often skip entire paragraphs you find boring, so there's no need to feel guilty about doing the same when reading German. Skipping difficult passages of text may feel like cheating, but it can, in fact, be a mature approach to reading that allows you to make progress through the material and, ultimately, learn more.

If you follow this mindset when you read German, you will be training yourself to be a strong, independent German learner who doesn't have to rely on a teacher or rule book to make progress and enjoy learning. As you will have noticed, this approach draws on the fact that your brain can learn many things naturally, without conscious study. This is something that we appear to have forgotten with the formalisation of the education system. But, speak to any accomplished language learner and they will confirm that their proficiency in languages comes not from their ability to memorise grammar rules, but from the time they spend reading, listening to, and speaking the language, enjoying the process, and integrating it into their lives.

So, I encourage you to embrace extensive learning, and trust in your natural abilities to learn languages, starting with… The contents of this book!

THE FIVE-STEP
READING PROCESS

Here is my suggested five-step process for making the most of each chapter in this book:

1. **Read the short key points summarizing the chapter.** This is important, as it sets the context for the whole chapter, helping you understand what you are about to read. Take note of the main points discussed in each sub-section and if you need to remember what you should be focusing on, go back to the key points section.

2. **Read the short chapter all the way through without stopping.** Your aim is simply to reach the end of the section, so do not stop to look up words and do not worry if there are things you do not understand. Simply try to follow the gist of the chapter.

3. **Go back and read the same sub-section a second time.** If you like, you can read in more detail than before, but otherwise simply read it through one more time, using the vocabulary list to check unknown words and phrases where necessary.

4. By this point, you should be able to follow the gist of the chapter. **You might like to continue to read the same section a few more times until you feel confident.** Ask yourself: "Did I learn anything new about Western philosophy? Were any facts surprising?"

5. **Move on!** There is no need to understand every word in each paragraph, and the greatest value from the book comes

from reading it through to completion! Move on to the next section and do your best to enjoy the content at your own pace.

At every stage of the process, there will inevitably be parts you find difficult. Instead of worrying about the things you don't understand, try to focus instead on everything that you do understand, and congratulate yourself for the hard work you are putting into improving your German.

A NOTE FROM THE EDITOR

Making philosophy accessible and understandable is a challenging task. Throughout the history of mankind, many important philosophers have asked themselves: "What is philosophy?" What is impressive is that almost every philosopher has a different answer to this apparently simple question. For some, philosophy should aim to clarify our thoughts about science and logic, while others claim that philosophy must tell us how to distinguish a wrong action from a right action. Some philosophers think that philosophy should have nothing to do with natural sciences, while others think that, without science, philosophy is nothing more than pure – and useless – speculation.

In this book, the reader will find an attempt to take into consideration many different points of view on philosophy. One thing most – if not all – philosophers would agree on is that, despite what many people think, philosophy is not an abstract subject full of difficult concepts. At some point during their lives, most people ask philosophical questions: "What is justice?" or "What is beauty?" People interested in scientific facts also ask philosophical questions: "What is a scientific revolution?" or "Are scientific laws discovered or invented by humans?" From a certain point of view, philosophy is inevitable. Philosophers are simply people who have chosen to dedicate their intellectual efforts to such questions.

One of the difficulties of philosophy is that we do not have "facts" to prove our theories. Philosophy, however, is very different from mere fantasy or nonsense. How, then, can we distinguish bad philosophy from good philosophy? This question is even more pressing if we consider that philosophers themselves disagree on the definition of philosophy. One way of answering this question is to rely on our reason. If our arguments are coherent, our concepts are clear, the premises we rely on are explicit, and our inferences are valid, then we are doing good philosophy. One risk linked to this thought is that philosophy is only rhetoric. This conclusion, however, can be resisted. Philosophers should not only build valid arguments; they also need to verify that their arguments are scientifically plausible.

No one should be afraid of asking philosophical questions; almost every enquiry is worth pursuing. One can wonder "What does a philosopher do?" or "Is philosophy useful?" When someone asks me these questions, the reply they usually get is the following. Consider an engineer who has the task of building a bridge. Simplifying the process, we could say that this engineer uses sophisticated calculations in order to achieve the desired result. The engineer would not spend his days wondering what the nature of numbers is or asking themself what kind of entity a scientific law is. If they did, they would not build any bridge. Are these questions completely futile? I would not say so. On the contrary, they often constitute the foundation of our knowledge. If engineers are not supposed to find an answer to these questions, then who should? Well, these are precisely the kinds of questions that philosophers are supposed to engage with.

In conclusion, not everyone wants to become a professional philosopher. Despite this, everyone will ask philosophical questions throughout his or her life. Being able to articulate our own thoughts is of fundamental importance, and philosophy can surely help us improve this skill.

Lorenzo Testa, PhD

PHILOSOPHIE IM ÜBERBLICK

translated by André Ueckert

VORWORT:
DREI ANGEHENDE
PHILOSOPHEN

Drei Freunde (Ina, Erik und Elisa) wählen ihre Kurse für das dritte Semester an einer Pariser Universität. Alle drei haben einen Job und haben einen guten Grund, Philosophie zu studieren.

Ina: Ich bin von dem Kurs **begeistert**! Ich hätte lieber Philosophie statt Politik studieren sollen! Ich wollte schon immer mehr über Philosophie lernen.

Erik: Warum? Wenn du Politik studierst, bekommst du sicher einen viel besseren Job. Ich dachte, deine Eltern wollten, dass du **deswegen** Politik studierst?

Ina: Das stimmt! Aber ich wollte schon immer Philosophie studieren. Ich bin froh, dass es dieses Semester als Kurs angeboten wird und dass es in meinen Stundenplan **passt**. Ich freue mich, über Ideen nachzudenken, über die ich in der Vergangenheit gelesen habe.

Elisa: Ich habe auch viel Lust auf den Kurs. Ich weiß nichts über das Thema, aber ich habe von mehreren Leuten gehört, dass es interessant ist. Ich denke, es ist gut für mich, mehr darüber zu **erfahren**, obwohl ich nicht weiß, was mich **erwartet**.

Erik: Warum muss eine Lehrerin Philosophie lernen? Nach deinem **Abschluss** unterrichtest du Geschichte und Literatur. Das sind deine Fächer.

Elisa: Du denkst sehr negativ, Erik. Warum hast du dich für den Kurs **angemeldet,** wenn er dir nicht gefällt? Ich bin mir nicht ganz sicher, aber ich möchte es probieren.

Erik: Du weißt, warum. Ich brauche **zusätzliche** Punkte. Das war der einzige Kurs, der in meinen Stundenplan passte. Ich mache ihn, aber ich glaube nicht, dass er mir Spaß machen wird. Ich mag Fakten, nicht endlose Fragen.

Ina: Deshalb möchtest du Journalist werden.

Erik: Ganz genau! Ich kann keine Geschichten ohne Fakten schreiben, oder?

Ina: Der Kurs wird bestimmt sehr interessant. Wo kann man besser Philosophie studieren als in Paris? Jean-Paul Sartre, Simone de Beauvoir, Michel Foucault, Jacques Derrida … Sie alle lebten hier. Wir sind **umgeben** von der Geschichte der Philosophie.

Elisa: Unser Professor besuchte einige von Sartres **Vorlesungen**. Er heißt Professor Aymard. Ich habe seine Biografie auf der Website der Philosophischen Fakultät gelesen.

Ina: Er muss sehr alt sein.

Erik: Die **behandelten** Ideen sind auch alt. Komm, lass uns ins Café de Flore gehen. Ich könnte ein Stück Kuchen gebrauchen.

Ina: Oder du gehst nach Hause und machst deine Hausaufgaben. Du bleibst oft zurück. Kein Wunder, wenn du den ganzen Tag in der Cafeteria verbringst …

Vokabular:

begeistert enthused, thrilled
deswegen because of this
passt (passen) to fit
erfahren to find out, to experience
erwartet (erwarten) to expect
(der) Abschluss the school certificate, university degree
angemeldet (anmelden) to register
zusätzliche additional
umgeben surrounded
(die) Vorlesungen the lectures
behandelten covered

TEIL EINS: GESCHICHTE DER PHILOSOPHIE

KAPITEL EINS:
DIE ERSTE KLASSE

*Ina, Erik und Elisa besuchen ihre erste Philosophievorlesung. Es ist eine kleine Gruppe mit wenigen Studenten. Professor Aymard tut sein Bestes, um die Studenten für das Thema zu **begeistern**, aber Erik ist nicht überzeugt und Elisa noch etwas unsicher.*

Professor Aymard: Der Philosoph Immanuel Kant sagte: „Zwei Dinge erfüllen das **Gemüt** mit **Bewunderung**: der Himmel und das moralische **Gesetz** in mir." Das ist das **Wesen** der Philosophie. Sokrates seinerseits sagte: „Das **Staunen** ist das Gefühl eines Philosophen, und die Philosophie beginnt im Staunen." Es geht darum, in Staunen und **Ehrfurcht** vor der Welt um uns herum zu **schwelgen**. Das möchte ich in diesem Kurs **erreichen**. Ich möchte, dass Sie alle mit Ehrfurcht vor der Welt und allem darin erfüllt sind.

Erik: Aber Kant sprach doch von Astronomie, oder?

Professor Aymard: Die Wissenschaft und die Philosophie sind eng miteinander **verbunden**. Die Philosophie hilft uns, **sorgfältig** über die Welt nachzudenken – die Welt, in der wir leben. Aber es geht nicht nur darum, was wir sehen. Es geht darum, was wir fühlen, unsere Emotionen und wer wir sind. Die Philosophie wirft große Fragen über das Leben und das Universum auf. Das werden wir in diesem Kurs studieren.

Ina: Werden wir auch die Philosophen studieren, die diese Fragen gestellt haben?

Professor Aymard: Natürlich! Am besten lernt man Philosophie, wenn man darüber nachdenkt, wie andere Menschen die Fragen beantwortet haben, die wir uns selbst stellen. Betrachten Sie es als ein Gespräch. Wir lernen, indem wir mit anderen sprechen (sogar mit denen, die vor langer Zeit gelebt haben). Wir beginnen damit, zu den Anfängen der Philosophie zurückzukehren. Sie wurde von den Griechen **entdeckt**. Zumindest waren sie die Ersten, von denen es noch **Aufzeichnungen** darüber gibt, dass sie sich auch schon die Fragen gestellt haben. Die **Wahrheit** ist, dass sich die Menschen schon immer gefragt haben, woher sie kommen und warum sie hier sind.

Elisa: Aber sind Menschen, die vor so langer Zeit gelebt haben, noch heute relevant?

Professor Aymard: Basiert das Wissen nicht immer auf alten **Annahmen**? Ideen aus der Vergangenheit sind uns heute genauso wichtig wie früher. Wir fangen mit den Griechen an und arbeiten uns bis zur **Gegenwart** vor. Wir werden sehen, dass Menschen vor Tausenden von Jahren Fragen stellten, die für uns heute genauso relevant sind wie damals.

Erik: Aber fanden sie keine Antworten auf die Fragen?

Professor Aymard: Die Philosophie stellt Fragen, auf die es keine Antworten gibt. Was ist Freiheit? Was ist der **Sinn** des Lebens? Gibt es einen Gott? Wie soll ich mein Leben leben? Was ist **Schönheit**? Was ist Wahrheit? Das sind Fragen, die wir nicht so einfach beantworten können wie zum Beispiel eine Frage nach einer wissenschaftlichen **Tatsache**, aber es sind **trotzdem** sehr wichtige Fragen. Wir werden sehen, wie andere Philosophen diese Fragen beantwortet haben. Vor allem werden wir lernen, selbst darüber nachzudenken. In der Philosophie geht es nicht immer darum, Antworten zu finden. Auf viele Fragen gibt es keine Antworten. Aber es ist wichtig, wie wir über sie denken. Die Philosophie **besteht** darin, die bestmöglichen Antworten zu finden, und nicht **unbedingt endgültige** Antworten.

Ina: Es gibt also richtige und falsche **Denkweisen?**

Professor Aymard: Natürlich. Oder besser gesagt, es gibt bessere Möglichkeiten, über Dinge nachzudenken, um zu einem besseren **Ergebnis** zu kommen. Wir werden lernen, wie Philosophen Logik benutzt haben, um gute und schlechte Argumente zu erkennen.

Erik: Es gibt also keine Fakten. Nur Meinungen?

Professor Aymard: Erik, du klingst genau wie der Philosoph Friedrich Nietzsche aus dem 19. Jahrhundert. Er war deiner Ansicht. Nur die Interpretationen zählten. Aber ich würde nicht sagen, dass es keine Fakten gibt. **Ganz und gar nicht.** Die Frage ist, bestmöglich zu denken. Das lernen Sie in diesem Kurs. Wir beginnen mit der Geschichte der Philosophie. Dann werden wir über aktuelle Ideen zur Philosophie und heutige Debatten nachdenken. Sie werden sehen, dass Philosophie für alles von **Bedeutung** ist, von Politik über Kunst und Religion bis hin zur **Umwelt.**

Erik: Aber ich weiß, wie man denkt. Ich mag Fakten. Darum geht es in der Wissenschaft.

Professor Aymard: Aber woher wissen Sie, dass die Tatsachen, die Sie mit solcher Überzeugung **verteidigen**, wahr sind? Gab es nicht eine Zeit, in der fast jeder glaubte, die Erde sei eine **Scheibe** und man würde herunterfallen, wenn man zu nahe an den Rand segelte? Das waren keine dummen Menschen. Vielmehr ändern sich die Tatsachen, die wir glauben oder geglaubt haben. Sie unterscheiden sich von der Wahrheit. Wir müssen vorsichtig mit unseren **Gedanken** sein. Deshalb ist das Studium der Philosophie so wichtig. Es geht nicht immer um Fakten, sondern darum, die Dinge zu Ende zu denken. Es gibt viel zu lernen. Am Ende des Kurses folgt eine Prüfung, um zu sehen, was Sie gelernt haben.

Erik: Also müssen wir doch Fakten lernen!

Professor Aymard: Sie werden **feststellen,** dass sich Philosophie-Prüfungen von anderen Prüfungen unterscheiden. Ich werde Ihnen ein Problem präsentieren und Ihre Aufgabe wird es sein, mir zu sagen, was andere Philosophen darüber gesagt haben. Das sind deine Fakten. Aber Sie müssen auch Ihr eigenes Fazit **vernünftig** und **schlüssig** argumentieren. Ich hoffe, Ihnen gefällt der Kurs und dass er Ihr Leben verändert. Wir sehen uns am Freitag in der nächsten Vorlesung.

Die Vorlesung ist vorbei. Ina, Erik und Elisa gehen zusammen raus.

Erik: Das wird mir keinen Spaß machen.

Ina: Du musst ihm eine Chance geben. Du bist jemand, der den Sinn des Nachdenkens nicht versteht. Was hat Professor Aymard gesagt? „Ist es wert, das Leben ungefragt zu leben?"

Erik: Ich habe mein Leben schon oft genug **hinterfragt**. Ich brauche keine Ideen von vor Tausenden von Jahren, um meine Denkweise zu ändern.

Elisa: Das wird ein langes Semester, wenn du so denkst.

Kernaussagen:

- *In der Philosophie geht es nicht darum, Fragen zu stellen, sondern vielmehr darum, Antworten zu finden. Die Geschichte der Philosophie ist wichtig, weil sie uns zeigt, was andere über die Fragen denken, die wir uns auch stellen. Dieser Kurs beginnt mit einem Rückblick auf die Geschichte der Philosophie und betrachtet dann die Relevanz der Philosophie in unserem heutigen Leben. Wir besprechen aktuelle Debatten zu Ethik, politischer Philosophie, Ästhetik und Religion. Wir werden sehen, wie wichtig Philosophie ist und warum ihr Studium heute genauso notwendig ist wie früher.*

Vokabular

begeistern to inspire, to enthuse
(das) Gemüt the mind
(die) Bewunderung the admiration
(das) Gesetz the law
(das) Wesen the being
(das) Staunen the amazement
(die) Ehrfurcht the reverence
(das) Schwelgen the indulgence
erreichen to accomplish
verbunden connected
sorgfältig carefully
entdeckt (entdecken) to discover
(die) Aufzeichnungen the records
(die) Wahrheit the truth
(die) Annahmen the assumptions
(die) Gegenwart the presence
(der) Sinn the meaning
(die) Schönheit the beauty
(die) Tatsache the fact
trotzdem despite (the fact)
besteht (bestehen) to consist
unbedingt absolutely
endgültige final
(die) Denkweisen the ways of thinking

Ganz und gar nicht not at all
(die) Bedeutung the meaning
(die) Umwelt the environment
verteidigen to defend
(die) Scheibe the disc
(die) Gedanken the thoughts
feststellen to determine, to find out
vernünftig reasonable
schlüssig coherent, conclusive

KAPITEL ZWEI:
DIE ERSTEN GRIECHEN

Ina, Erik und Elisa sind nach ihrer ersten Vorlesung ins Café de Flore gegangen. Sie freuen sich darauf, ihr erstes Thema zu diskutieren. Sie kommen oft hierher, um zu lernen. Der Kellner Robert weiß, dass sie gerade ihre erste Vorlesung beendet haben.

Robert: Hallo zusammen! Wie war die Vorlesung?

Erik: Ganz gut.

Robert: Ganz gut? Studierst du nicht Philosophie? Das muss sehr interessant sein! Ich **wäre** gerne in so einer Vorlesung.

Erik: Ja, aber was weißt du über Philosophie? Es ist nur **ein Haufen** unbeantworteter Fragen. Ich will Fakten!

Robert: Vielleicht kann man mehr lernen als du denkst. Du musst Antworten selbst finden. Setz dich erstmal hin. Ich hole dir etwas zu trinken. **Dasselbe** wie immer?

Ina: Ja, bitte.

Sie setzen sich in ihre Lieblingsecke der Cafeteria, an einen Tisch mit Blick auf die Straße.

Elisa: Verstehst du, was Professor Aymard uns heute gesagt hat?

Erik: Das war doch reiner **Blödsinn**. Warum sollte irgendjemand glauben, dass die Welt vollständig aus Wasser oder Luft oder einer Substanz namens Apeiron besteht?

Ina: Das war anders. Die antiken griechischen Philosophen waren die Ersten, die nach einer **Erklärung** für die **Entstehung** des Universums suchten, abseits von Mythen oder Legenden. Thales dachte, dass die Welt aus Wasser besteht. Anaximenes glaubte **hingegen**, dass sie aus Luft besteht. Anaximander glaubte, dass es sich um eine Substanz handelte, die er *Apeiron* nannte.

Elisa: Was meinte er mit *Apeiron*?

Ina: Es ist ein griechisches Wort, das „**unbegrenzt**" oder „undefiniert" bedeutet. Für Anaximander bedeutete es die **verborgene** Realität von allem, was existierte.

Erik: Aber warum war den Griechen das so wichtig? Warum waren sie so besorgt darüber, genau zu definieren, woraus die Welt besteht?

Ina: Bis dahin glaubten alle, dass die Götter für alles **verantwortlich** waren. Professor Aymard **erwähnte** Hesiod. Sein Gedicht *Werke und Tage* ist ein Beispiel für den poetischen Mythos, von dem sich die frühen griechischen Philosophen **verabschiedeten**.

Elisa: Poetischer Mythos? Also ein episches **Gedicht**, das beschreibt, wie die Welt **entstand**?

Ina: Ja. Die alten Griechen benutzten Poesie, um zu erklären, wie die Welt erschaffen wurde. Hesiod erklärt unter anderem den Mythos von Prometheus, der den

Göttern das Feuer **stahl** und es den Menschen gab. Wir erklären das Feuer nach **wissenschaftlichen Prinzipien**. Die Griechen beschrieben seine Entstehung mythologisch. Erst diese frühen Philosophen interpretierten es anders.

Elisa: Sie waren die Ersten, die nach Erklärungen suchten. Sie waren die ersten Wissenschaftler. Du wolltest doch Fakten, oder Erik?

Erik: Fakten, die **Sinn ergeben**. Aber warum studieren wir etwas, von dem wir wissen, dass es falsch ist?

Ina: Aber lagen sie wirklich falsch? Wir wissen, dass die Welt einen Teil enthält, den wir nicht sehen können. Die alten Griechen haben sich vielleicht **geirrt**, was genau es war, aber sie hatten recht, danach zu suchen. Das ist ein großer **Fortschritt**. Heute wissen wir viel mehr darüber, wie das Universum aufgebaut ist, weil diese frühen Philosophen diese Fragen gestellt haben. Denke daran, was Professor Aymard gesagt hat: Eines beruht auf dem anderen. Man muss erst Schritte machen, bevor man **große Sprünge** machen kann.

Erik: „Das ist ein kleiner Schritt für einen Menschen ..."

Ina: Genau, „aber ein großer für die **Menschheit**"!

Robert bringt Getränke und drei Stück Schokoladenkuchen. Elisa hat ihr Notizbuch aufgeschlagen und der Kellner sieht, dass sie über die frühen griechischen Philosophen gesprochen haben.

Robert: Niemand kann zweimal in denselben Fluss steigen. Heraklit hat das gesagt, richtig?

Erik: Natürlich geht das. Wenn ich heute und morgen wieder in die Seine springen **würde**, wäre es derselbe

Fluss, oder? Es wäre genauso nass und kalt. Und wer ist Heraklit? Ich kann mich nicht erinnern, dass Professor Aymard ihn erwähnt hat.

Robert: Aber es ist nicht dasselbe Wasser. Es bewegt sich **ständig**. Heraklit argumentiert, dass sich die Dinge ständig ändern. Nichts bleibt stehen. In der nächsten Minute werden wir anders sein als jetzt. Alles geht voran: unser Leben, unser Denken … nichts ist mehr wie zuvor.

Ina: Heraklit wurde in der Broschüre vorgestellt. Er dachte, dass die Welt aus Feuer besteht und dass sich alles ständig verändert. Er definierte es wie einen ständigen **Krieg**, in dem sich immer und überall etwas änderte.

Robert: Ganz genau! Stellt euch einen Fluss vor, den ihr jeden Tag seht. Das Wasser bewegt sich ständig. Die Welt auch. Es gibt eine permanente **Veränderung**, eine ständige **Bewegung**. Nichts bleibt gleich.

Erik: Aber manches doch. Die Dinge, über die ich nachdenke, sind die gleichen. Die Dinge, an die ich glaube, sind die gleichen. Ich bin immer noch der Gleiche.

*Robert **zuckt mit den Schultern** und lächelt.*

Robert: Wirklich? Ändert sich deine Meinung nicht mit der Zeit? Oder dein Geschmack? Als du das erste Mal hier warst, hast du Crêpes mit Orangen-Karamell-Soße bestellt. Das hast du seit Monaten nicht mehr gegessen.

Erik: Ich wollte etwas anderes probieren …

Robert: Eben!

Erik: Ich mag nicht darüber nachdenken. Ich mag es, wenn die Dinge klar sind.

Ina: Du bist lustig, Erik. Ist es nicht interessant, etwas über die **Ursprünge** der Philosophie zu erfahren und wie unsere **Vorfahren** über die Welt dachten?

Erik: Nicht, wenn ich weiß, dass sie falsch liegen. Das wird ein langes Semester.

Robert kehrt zu seiner Arbeit hinter der Theke zurück, kommt aber gleich mit einer Schüssel Oliven zurück.

Elisa: Wir haben keine Oliven bestellt, Robert.

Robert: Ich dachte, ihr würdet sie mögen. Der antike griechische Philosoph Thales mochte Oliven. Er liebte sie so sehr, dass er erfolgreich die beste Olivenernte **vorhersagte** und alle Olivenpressen in seiner Stadt kaufte, um es zu **beweisen**. Er wollte diejenigen **widerlegen**, die dachten, Philosophen **seien nutzlos**. Er hat es ihnen allen gezeigt und viel Geld verdient ...

Ina: Das ist sehr clever. Wie hat er das gemacht?

Robert: Er beobachtete die Welt um sich herum. Das macht die Philosophie so wichtig. Vor Thales wurde der Erfolg der Olivenernte dem **Einfluss** der Götter zugeschrieben. Aber Thales nutzte astronomische **Beobachtungen**, um vorherzusagen, wann die **Ernte** am besten sein würde. Er kaufte alle Olivenpressen in der Stadt, um aus der Ernte Öl herzustellen. Außerdem sagte er **anhand von** Beobachtung eine **Sonnenfinsternis** voraus. Er war sehr schlau.

Erik: Nur, weil er Oliven mochte ...

Robert: Und es zeigt, dass die Philosophie nützlich und unterhaltsam sein kann.

Erik: Wenn du das sagst ...

- *Die antiken griechischen Philosophen (noch vor Sokrates, Platon und Aristoteles) waren die Ersten, die ohne Mythologie über das Universum nachdachten. Sie glaubten, alles habe seinen Ursprung in einer einzigen **Quelle** wie Wasser, Luft, Feuer oder eine Substanz, die sie „Apeiron" nannten. Sie lagen zwar falsch, aber legten eine wichtige Grundlage. Wir verstehen sie als die ersten Philosophen, welche die Welt jenseits von Mythen und Legenden zu erklären versuchten.*

Vokabular

wäre would be
ein Haufen a heap
dasselbe the same thing
(der) Blödsinn the nonsense
(die) Erklärung the explanation
(die) Entstehung the emergence
hingegen however
unbegrenzt unlimited
verborgene hidden
verantwortlich responsible
erwähnte mentioned
verabschiedeten (verabschieden) to say goodbye
(das) Gedicht the poem
entstand (entstehen) to arise
stahl (stehlen) to steal
wissenschaftlichen Prinzipien the scientific principles
Sinn ergeben to make sense
geirrt (irren) to err
(der) Fortschritt the progress
große Sprünge big jumps
(die) Menschheit the humanity
würde would
ständig constant
(der) Krieg the war
(die) Veränderung the change
(die) Bewegung the movement

zuckt mit den Schultern shrugs with shoulders
Eben! Exactly!
(die) Ursprünge the origins
(die) Vorfahren the ancestors
vorhersagte (vorhersagen) to predict
beweisen to prove
widerlegen to refute
seien they are
nutzlos useless
(der) Einfluss the influence
(die) Beobachtungen the observations
(die) Ernte the harvest
anhand von based on
(die) Sonnenfinsternis the solar eclipse

KAPITEL DREI:
SOKRATES, PLATON UND
ARISTOTELES: DIE DREI
GRIECHISCHEN WEISEN

Ina, Erik und Elisa sind in ihrer dritten Vorlesung. Danach gehen sie ins Café de Flore. Professor Aymard hat ihnen Hausaufgaben gegeben.

Professor Aymard: Sokrates, Platon und Aristoteles: Diese drei Namen sind für immer **vereint**. Platon schrieb viel, was schon Sokrates lehrte. Er **übernahm** die Ideen für seine eigene Philosophie. Aristoteles schrieb verschiedene Werke zu unterschiedlichen Themen wie Ethik, Zoologie und Poetik. Eudaimonia, das griechische Wort für „**Glück**" oder „**Gedeihen**" war das, was diese Philosophen als das Ziel für uns alle sahen. Ich hoffe, Sie fanden die heutige Vorlesung interessant. Als Hausaufgabe möchte ich, dass Sie Ihre eigene **Tugend** kultivieren, so wie Aristoteles es gelehrt hat. Denken Sie daran, dass jede Tugend einen **Mangel** und ein **Übermaß** hat. **Tapferkeit** zum Beispiel. Ihr Mangel ist die **Feigheit**. Sein Übermaß ist der **Leichtsinn**. Betrachten Sie es als **Gedankenexperiment**. Wären Sie so mutig, ein Thema zu **verteidigen**, das Sie sehr **beunruhigt**? Wie fühlen Sie sich, wenn Sie **tugendhaft** sind? Mich würde interessieren, wie es Ihnen geht. Bis nächste Woche!

Ina, Erik und Elisa gehen ins Café de Flore, um etwas zu trinken und Kuchen zu essen.

Robert: Hallo! Ihr kommt aus der Vorlesung, richtig? Was war das heutige Thema? Platon?

Ina: Woher weißt du das?

Robert: Ihr habt mit den alten Griechen begonnen. Es war nur logisch, dass die drei griechischen **Weisen** folgen: Sokrates, Platon und Aristoteles. Ohne sie würde die Philosophie heute ganz anders aussehen.

Elisa: Warum?

Robert: Ich glaube, es war der Philosoph A. N. Whitehead, der sagte, dass die gesamte westliche Philosophie „eine **Fußnote** zu Platon" sei. Die Dialoge von Sokrates definieren die **Vorstellung** davon, was Philosophie ist. Er stellte ganz einfache Fragen: „Was ist Schönheit?", „Was ist Wahrheit?", „Was ist **Güte**?" Platon hat alles niedergeschrieben. Aristoteles war einer der Ersten, der ein bis heute **umstrittenes** ethisches System entwickelt hat. Darüber hinaus interessierte er sich für Wissenschaft und Logik.

Erik: Meinst du Fragen zu stellen und keine Antworten zu geben? Wir müssen als Hausaufgabe eine Tugend entwickeln. Ich schreibe lieber einen **Aufsatz**.

Ina: Das macht doch Spaß! Es gibt viele Tugenden. Ich denke, ich werde versuchen, **bescheidener** zu sein. Ich bin manchmal ziemlich **angeberisch**.

Elisa: Ich bin manchmal ziemlich eingebildet. Ich muss aufhören, mir Gedanken darüber zu machen, was andere Leute denken.

Erik: Ich wollte einen Artikel für die Studentenzeitung über die **Erhöhung** der Studiengebühren schreiben. Ich weiß nicht, was die anderen darüber denken, aber ich sollte einfach den Mut haben und es tun. Zählt das?

Ina: Aber klar! Du würdest eine Tugend entwickeln und uns allen etwas Gutes tun!

Die drei sitzen an ihrem Stammtisch und Robert bringt ihre Getränke und drei Scheiben Schokoladenkuchen.

Elisa: Ich mag nicht, wie Sokrates immer Fragen stellte und nie Antworten gab.

Erik: Tun das nicht alle Philosophen?

Elisa: Aber Sokrates war anders. Er bekam die Antworten, die er hören wollte. **Zumindest** glaube ich das. Er schien nie seine eigene Meinung zu haben, selbst wenn sein Gesprächspartner seine Meinung änderte.

Ina: Seine Aussagen waren sehr **vernünftig**. Wie Thales und die frühen griechischen Philosophen versuchte er, Antworten ohne Götter oder Mythologie zu finden, obwohl er sicherlich an eine größere Macht glaubte. Er glaubte, dass wir die Antworten auf unsere Fragen in der Natur finden könnten. Das ist die Methode von Sokrates. Man muss sich die Antworten suchen.

Elisa: Genau wie die alten Griechen. Aber wer weiß schon, was er wirklich dachte? Denn es war Platon, der all seine Ideen aufschrieb. Was, wenn alles, was er sagte, eigentlich von Platon stammt?

Ina: Kann sein. Aber Platon war sein Schüler. Sie hatten wahrscheinlich sehr ähnliche Ideen und dachten über die gleichen Dinge nach. Ich glaube nicht, dass es wichtig ist, wer die Ideen aufgeschrieben hat. Denke mal an Jesus: Er hat nie etwas geschrieben, aber seine **Lehren** werden von Millionen von Menschen auf der ganzen Welt befolgt. Platon hatte so viele Ideen, dass er ein Buch mit dem Titel *„Die Republik"* schrieb und sagte, dass Philosophen Könige sein sollten.

Erik: OK, das macht mir Angst!

Elisa: Glaubst du, wir müssen die Methode für die Prüfung kennen?

Ina: Wir brauchen bestimmt nur die Theorie der Formen zu kennen. Es ist eine seltsame Theorie, aber mir gefiel die Idee, dass alles, was wir sehen, nur ein **Schatten** der Realität ist. Es ist wie in einer **Höhle** zu sein und einen Schatten an der **Wand** zu sehen, bevor man ins Licht tritt und die echten **Gestalten** sieht. Das ergibt schon Sinn.

Erik: Aber was wir sehen, ist real. Dieses Stück Kuchen ist kein Schatten des Kuchens. Ich mag Kuchen und ich glaube nicht, dass er viel besser sein könnte.

Ina: Das Problem ist, dass man das perfekte Stück Kuchen nicht beschreiben kann. Es gibt Dinge an diesem Kuchen, die es zu einem Stück Kuchen machen, ja. Aber es gibt auch die Form eines Kuchens, auf der jeder andere Kuchen basiert. Wir sehen die Dinge nicht so, wie sie wirklich sind. Wir sehen nur **Annäherungen** an ein Ideal. Es mag seltsam erscheinen, aber dieses Stück Kuchen hat eine Ähnlichkeit mit anderen Kuchen. Aber es ist nicht der einzige Kuchen. Dasselbe gilt für Güte, Schönheit und Wahrheit. Wir können all dies vage beschreiben, fast wie ein **Gemälde**, das wir schön finden oder ein **Verhalten**, das wir gut finden. Aber es ist nicht die Güte oder Schönheit als solche. Wir sehen nur den Schatten, nicht die Realität.

Erik: Natürlich sehen wir die Realität! Das ist ein Stück Kuchen und es ist echt. Es ist wie der Streit mit dem Fluss neulich. Es ergibt keinen Sinn. Es gibt nicht viele Ideale, die um uns herumschwirren. Wie könnten wir wissen, was sie sind?

Elisa: Anhand der **Vernunft**. Denke an den Kuchen. Er sieht wie eine bestimmte Art aus, schmeckt auf eine bestimmte Art und hat bestimmte Eigenschaften. Schaue dann auf die **Theke**. Es gibt ein Dutzend verschiedene Kuchen. Sie sind alle unterschiedlich, aber sie **ähneln** alle der idealen Kuchenform, die du im Kopf hast. So hat Sokrates die Menschen zum Nachdenken gebracht.

Erik: Und dann haben sie ihn mit **Schierling vergiftet**. Sie waren ihm sehr dankbar!

Robert hat hinter der Theke Gläser geputzt und kommt jetzt, um die leeren Teller und Gläser abzuräumen.

Robert: Genießt ihr euren sokratischen Dialog?

Erik: Das sind alles alte Gedanken aus der Vergangenheit. Ich sehe darin nichts Relevantes.

Robert: Hast du heute nicht auch Aristoteles studiert? Ich mag seine Tugendethik. Das Finden der **goldenen Mittelmäßigkeit** oder des goldenen Mittelmaßes. Aristoteles war ein **bemerkenswerter** Philosoph. Es gab nichts, was ihn nicht interessierte. Damals hieß es, er wisse alles, was es zu wissen gäbe.

Ina: Ich finde die Idee auch gut. Er fand, dass jede Tugend ein Übermaß und einen Mangel hat. Du kannst **mutig** sein, aber du kannst auch **rücksichtslos** oder **feige** sein. Es geht darum, den Mittelweg zu finden und die eigene

Tugend zu üben. Das sind heute unsere **Pflichten**. Wir müssen eine Tugend **pflegen**. Aristoteles nannte es die „goldene Mitte", so etwas wie den Mittelweg. Für Aristoteles dreht sich alles um die Balance. Die Griechen dachten dasselbe über die Medizin. Hippokrates (der Vater der modernen Medizin) ist berühmt für seine **Behauptung**, dass es im Körper vier Säfte gibt, die im **Gleichgewicht** sein müssen, um uns gesund zu halten. Aristoteles dachte dasselbe über die Art und Weise, wie wir leben und uns verhalten. Wenn alle unsere Tugenden im Gleichgewicht sind, sind wir der bestmögliche Mensch.

Elisa: Was hältst du von dieser Idee, Erik?

Erik: Sie klingt vernünftig. Mir gefiel die Idee, unser Verhalten zu üben. Das ist sinnvoll. Niemand ist sofort perfekt. Es braucht Übung und manchmal liegen wir falsch. Ich bin **stolz** auf die Dinge, die ich **schaffe**, aber ich weiß, dass ich manchmal arrogant sein kann. Es ist die menschliche Natur.

Ina: Dann ist dieses Projekt genau das Richtige für dich!

Robert: Du hast also einen Philosophen gefunden, der dir gefällt?

Erik: Von allen gefällt mir Aristoteles bisher am besten.

Robert: Dann solltest du spazieren gehen.

Erik: Was meinst du?

Robert: Aristoteles ging gerne spazieren. Seine Schüler folgten ihm und er lehrte sie beim Spazierengehen. Genau wie das Bild in eurem Buch.

Gemälde „Die Schule von Athen" von Rafael Sanzio, 1511

Erik: Ich sollte wohl zu Fuß nach Hause gehen, anstatt die U-Bahn zu nehmen. Ich habe viel, worüber ich nachdenken muss.

> *Kernaussagen:*
>
> • *Die sokratischen Philosophen waren Sokrates, Platon und Aristoteles. Sokrates stellte **zum Nachdenken anregende Fragen** und stellte die Annahmen infrage, denen er begegnete. Diese Begegnungen wurden von einem seiner Studenten, Platon, aufgeschrieben. Es sind die **Grundlagen** der westlichen Philosophie. Die heutige Philosophie ist eine „Fußnote zu Platon". Er interessierte sich für Ethik, Politik, **Gerechtigkeit** und Wissenschaft. Seine Arbeit inspirierte den letzten der drei Sokratiker, Aristoteles. Aristoteles interessierte sich für Ethik. Er entwickelte eine ethische Theorie, die als „Tugendethik" bekannt ist. Er war einer der Ersten, der das Studium der Logik entwickelte.*

vereint united
übernahm (übernehmen) to take over
(das) Glück the happiness
(das) Gedeihen the prosperity
(die) Tugend the virtue
(der) Mangel the lack
(das) Übermaß the excess
(die) Tapferkeit the bravery
(die) Feigheit the cowardice
(der) Leichtsinn the carelessness
(das) Gedankenexperiment the thought experiment
verteidigen to defend
beunruhigt worried
tugendhaft virtuous
(die) Weisen the sages
(die) Fußnote the footnote
(die) Vorstellung the imagination, the idea
(die) Güte the goodness
umstrittenes controversial
(der) Aufsatz the essay
bescheidener more modest
angeberisch pretentious, boastful
(die) Erhöhung the increase
zumindest at least
vernünftig reasonable
(die) Lehren the teachings
(der) Schatten the shadow
(die) Höhle the cave
(die) Wand the wall
(die) Gestalten the figures
(die) Annäherungen the approximations
(das) Gemälde the painting
(das) Verhalten the behaviour
(die) Vernunft the reason
(die) Theke the counter
ähneln to resemble
(der) Schierling the hemlock
vergiftet (vergiften) to poison
(die) goldene Mittelmäßigkeit the Golden mean

bemerkenswerter remarkable
mutig brave
rücksichtlos ruthless
feige cowardly
(die) Pflichten the duties
pflegen to care for
(die) Behauptung the claim
(das) Gleichgewicht the balance
stolz proud
schaffe (schaffen) to accomplish
zum Nachdenken anregende Fragen thought-provoking questions
(die) Grundlagen the basics, the foundations
(die) Gerechtigkeit the justice

KAPITEL VIER: ZYNIKER, SKEPTIKER, GENIEßER, STOIKER UND DIE RÖMER

Ina, Erik und Elisa besuchen das Cluny-Museum in Paris, in dem viele Objekte aus der Römerzeit ausgestellt sind. Elisa studiert Geschichte und führt Ina und Erik im Museum herum.

Elisa: Ich liebe dieses Museum. Es ist sehr interessant. Die Römer und die Griechen waren große Zivilisationen. Stellt euch mal vor: Das Römische Reich **erstreckte** sich von hier bis zum **Heiligen Land** und bis zur **Grenze** zwischen England und Schottland. Es **umfasste** ganz Europa. Die Objekte in diesem Museum zeigen, wie sich ihre Kultur hier in Paris entwickelt hat. Damals hieß die Provinz Gallien.

Ina: In diesem Museum gibt es römische Bäder, richtig?

Elisa: Richtig. **Wohlhabende** Römer kamen hierher, um zu baden und zu diskutieren. Die Griechen taten dasselbe. Die Römer ließen sich von ihnen für ihre Idee von öffentlichen Bädern inspirieren.

Erik: Also besuchten sicherlich auch Sokrates und Aristoteles solche Bäder.

Elisa: Genau! Ich habe letztes Semester einen Artikel über öffentliche Bäder geschrieben. Sie sind wie moderne Spas. Sie waren wichtige Orte, um Kontakte zu knüpfen und Politik zu diskutieren.

Ina: Und Philosophie?

Erik: Ich kann mir nicht vorstellen, dass die Römer sich für Philosophie interessierten. Hat das nicht Professor Aymard gesagt?

Ina: Er sagte, dass sie vieles von den Griechen übernommen hätten. Es ist nicht genau dasselbe. Die Römer mussten das **Rad** nicht neu erfinden. Als sie mehr vom Mittelmeer eroberten, kamen sie mit anderen Ideen und Denkweisen in Kontakt. Sokrates, Platon und Aristoteles waren ihnen vertraut, aber es kursierten auch viele andere Ideen. Die Haupteinflüsse auf die Römer waren der **Epikureismus** und der **Stoizismus**.

Elisa: Stoiker gibt es heute noch, oder?

Erik: Stoisch bedeutet, sich mit der Situation **abzufinden**, in der man sich befindet. Es geht darum, die Dinge so zu akzeptieren, wie sie sind.

Ina: Das ist die heutige Definition. Damals glaubte ein Mann namens Zenon von Kition, dass das einzig Gute für einen Menschen darin bestand, Tugend zu besitzen. Erinnert ihr euch, dass Aristoteles etwas Ähnliches gelehrt hat? Alles andere wie Reichtum, Macht oder Erfolg hatte keine Relevanz. Zeno bekräftigte, dass wir „nach der Natur leben" müssen und dass alle unsere Tugenden **auf** einer richtigen Lebenseinstellung **beruhen**. Sich mit unserer Situation abzufinden, ist eine Möglichkeit, das **auszudrücken**. Die **Zyniker** dachten dasselbe. Sie waren keine Zyniker im heutigen Sinne, sondern **misstrauisch** gegenüber allem, was nicht zu einem tugendhaften Leben führte.

Elisa: Das ist sehr praktisch und lässt nicht viel Platz für Gott oder die Götter, an die die Römer glaubten. Wobei die Stoiker an die **göttliche Vorsehung** glaubten.

Ina: Die Philosophie konzentrierte sich immer mehr auf das Individuum sowie auf Erklärungen über die Welt. Es war das komplette **Gegenteil** von Epikureismus. Die Epikureer glaubten, dass **Vergnügen** die Essenz des Lebens sei. **Reichtum, Macht**, Erfolg, Gesundheit und Freude am Leben waren genauso wichtig, wenn nicht sogar wichtiger als die Tugenden. Die Epikureer glaubten, dass die Götter sich nicht für menschliche **Angelegenheiten** interessierten. Der römische Dichter Lucretius **lobte** sie dafür, dass sie die Menschen von der **Einmischung** der Götter **befreiten**.

Erik: Waren sie **Hedonisten**? Glaubten sie daran, das Vergnügen an erste Stelle zu setzen?

Ina: Überhaupt nicht. Sie glaubten nicht an absolute Freiheit. Es waren einfache **Freuden**, die für sie die höchsten Freuden waren. Es ging um Freundschaft, Natur und die Schönheit.

Elisa: Du klingst skeptisch, Erik.

Erik: Ich bin mir nicht sicher, wie man zwischen guten und schlechten Freuden unterscheiden kann. Ist es nicht leicht, sich **mitreißen** zu lassen? Professor Aymard sagte, dass sie Tugenden kultivieren wollen, aber irgendetwas schien sie zu verwirren. Es gab in der Römerzeit auch Skeptiker, oder? Pyrrho de Elis war einer der ersten Philosophen, der an allem zweifelte. Er **weigerte sich** zu glauben, dass seine Sinne ihm wahres Wissen über die Welt **vermittelten**.

Elisa: Ja, aber es hat ihm nicht gutgetan. Seine Schüler mussten ständig auf ihn **aufpassen**, damit er sich nicht **verletzte**. Er ging mitten auf der Straße, weil er nicht glaubte, dass das Pferd und der Wagen, die auf ihn **zurasten**, echt waren.

Erik: Nicht einmal ich bin so skeptisch. Ich schaue zweimal, bevor ich die Straße **überquere**. Es erstaunt mich, dass die Römer all diese Ideen übernommen haben. Sie scheinen viel Zeit gehabt zu haben, wenn sie den ganzen Tag in einem Bad verbrachten!

Kernaussagen:

- *Als Folge der sokratischen Philosophie entstanden vier Schulen oder Denkmuster über Philosophie: Zynismus, Skepsis, Epikureismus und Stoizismus. Postsokratische Philosophen konzentrierten sich mehr auf das Individuum als auf gemeinschaftliche Themen wie Politik. Zum Beispiel lehrte der Stoizismus die Kultivierung einer bestimmten Lebensweise, die auf Tugenden wie Mut und **Weisheit** basiert. So konzentrierte sich die Philosophie auf das Individuum, obwohl die Sorge um die Welt **fortbestand**. Elemente dieser Methoden und ihrer Lehren existieren noch heute. Wir bezeichnen eine stoische Person immer noch als jemanden, der die Dinge so akzeptiert, wie sie sind. Wir verwenden das Wort „zynisch", um uns **auf** eine skeptische Person zu **beziehen**.*

Vokabular

erstreckte (erstrecken) to extend
Heiligen Land (das Heilige Land) the Holy Land
(die) Grenze the border
umfasste (umfassen) to encompass, to include
wohlhabende wealthy
(das) Rad the wheel

(der) Epikureismus the Epicureanism
(der) Stoizismus the Stoicism
abzufinden (abfinden) to accept something
auf … beruhen to be based on
auszudrücken (ausdrücken) to express
(der) Zyniker the Cynic
misstrauisch suspicious
(die) göttliche Vorsehung the divine providence
(das) Gegenteil the opposite
(das) Vergnügen the pleasure
(der) Reichtum the wealth
(die) Macht the power
(die) Angelegenheiten the affairs
lobte (loben) to praise
(die) Einmischung the interference
befreiten (befreien) to liberate
(die) Hedonisten the Hedonists
Überhaupt nicht not at all
(die) Freuden the pleasures
mitreißen to carry along, to thrill
weigerte sich (sich weigern) to refuse
vermittelten (vermitteln) to convey
aufpassen to pay attention, to look after
verletzte (verletzen) to injure
zurasten (zurasen auf) to speed toward
überquere (überqueren) to cross
(die) Weisheit the wisdom
fortbestand (fortbestehen) to persist, to continue
auf … beziehen to refer to

KAPITEL FÜNF: CHRISTENTUM UND PHILOSOPHIE: HEILIGE UND SÜNDER

*Die Vorlesung von Professor Aymard geht zu Ende. Ina, Erik und Elisa laufen nach der Vorlesung durch die Straßen von Paris. Elisa ist Christin und besucht seit Kurzem eine neue Kirche, die sehr alt und schön ist. Sie fragt die anderen beiden, ob es ihnen etwas ausmachen würde, bei der Kirche vorbeizuschauen, damit sie **eine Kerze anzünden** kann.*

Professor Aymard: Es war eine seltsame Zeit für die Philosophie. In Rom gab es Stoiker, Epikureer, Zyniker und Skeptiker, aber im gesamten Mittelmeerraum entstand eine neue Bewegung: das Christentum. Mit der **Bekehrung** des Kaisers Konstantin im Jahr 312 n. Chr. entwickelte sich eine jüdische Sekte plötzlich zu einem riesigen Glaubenssystem, mit enormen Folgen. Die Philosophie fand ein **Werkzeug**, um ein Glaubenssystem zu **rechtfertigen** und befasste sich weitgehend mit den Fragen rund um die Natur Gottes, die sich über die Welt verbreitet hat und zur größten Religion der Menschheit geworden ist. In der nächsten Vorlesung werden wir sehen, wohin das geführt hat. Bis dann!

„Luther in Erfurt", Darstellung Martin Luthers bei der Entdeckung der Lehre des sola fide (Glauben allein). Gemälde von Joseph Noel Paton, 1861.

Nach der Vorlesung und einem kurzen Spaziergang betreten Ina, Erik und Elisa das kühle Innere der Kirche. Sie wird von einem Lichtstrahl aus dem Ostfenster erhellt.

Erik: Ich liebe den **Geruch** von Kirchen, den **Weihrauch**, der in der Luft weht, und den Duft von Blumen.

Ina: Schaue dir das schöne Gemälde auf dem Altar an. Ich bin keine Christin, aber ich liebe die Ruhe und den Frieden hier.

Elisa zündet eine Kerze an und kehrt zu den anderen zurück, die hinten in der Kirche sitzen.

Erik: Wurdest du christlich erzogen, Elisa? Ich habe dich nie gefragt, aber ich weiß, dass du jeden Sonntag zur **Messe** gehst.

Elisa: Ja. Meine Mutter nahm mich immer mit in die Kirche. Ich kann mir nicht vorstellen, keinen Glauben zu haben.

Erik: Ich habe nie darüber nachgedacht. Ich mag …

Ina: Fakten, ja, das wissen wir. Aber hast du in den Vorlesungen der letzten Wochen nicht gesehen, dass Fakten nicht immer das sind, was wir von ihnen glauben?

Erik: Mir **scheint** (und ich möchte dich nicht kränken), dass mit dem **Aufkommen** des Christentums Gott als Erklärung für alles benutzt wurde. Das gilt für die alten Griechen genauso wie für Sokrates. Bedeutet das nicht das Ende der Philosophie?

Elisa: Die Philosophie hat sich natürlich geändert. Philosophen interessierten sich mehr dafür, etwas über Gott zu lernen und wie Gott war. Wie ist das Universum entstanden? Wie wurde es zu dem, was es heute ist? All diese Fragen wurden beiseitegeschoben. Sie mussten diese Dinge nicht erklären. Sie gingen

damals davon aus, dass Gott die Welt **erschaffen** hatte, als wäre es eine wissenschaftliche Tatsache. Heute fällt es uns schwer, so zu denken. Aber damals war Gott alles für sie.

Ina: Aus Philosophie wurde Theologie. Es drehte sich alles um Gott. Aber sie benutzten zumindest im **Mittelalter** das Denken von Aristoteles.

Elisa: Es gab eine neue Art, über Gott nachzudenken. Sie basierte auf der jüdischen Vorstellung von einem einzigen Gott statt vieler Götter. Dies stand in direktem **Gegensatz** zur römischen und griechischen Vorstellung von einem Pantheon: Viele verschiedene Götter befassten sich mit verschiedenen Aspekten des menschlichen Lebens. Die Philosophie existierte noch, aber sie wurde nicht von der Theologie unterschieden. Nur die christliche Theologie wurde als Wahrheit angesehen. Wir sind noch weit vom Mittelalter entfernt, aber wir müssen uns daran erinnern, dass die Gesellschaft vollständig auf der Idee aufgebaut war, dass Gott oder die Götter für alles verantwortlich waren. Die Ideen von Aristoteles und den sokratischen Philosophen gingen im Westen **weitgehend** verloren. Gleiches gilt für alle Denkweisen, welche die Welt aus einer anderen Perspektive verstehen wollten.

Erik: Für sie war es also Fakt, dass Gott existiert. Basierend auf diesem Fakt bauten sie ein System auf.

Elisa: Genau. Es ist ein System, das auch heute noch verwendet wird. Die christliche Theologie hat sich nicht so sehr verändert, obwohl die Philosophie versucht hat, sich davon zu lösen.

Ina: Professor Aymard sagte, dass die Philosophie dazu genutzt wurde, um Gott zu verstehen und seine Existenz zu beweisen. Sie versuchten herauszufinden, wie Gott ist.

Elisa: Die Kirche brauchte Hunderte von Jahren, um sich zu entscheiden. Es gab viele Konflikte und **Spaltungen** in der Kirche.

Erik: Und sind sie zu einem **Ergebnis** gekommen?

Elisa: Ja. Das **Nizänische Glaubensbekenntnis**, das wir jeden Sonntag in der Messe **beten**, ist ein philosophisches Werk. Es beschreibt, was Christen über Gott glauben. Es beginnt mit „Ich glaube an Gott …" und erklärt dann, wie Christen Gott sehen. Gott ist eine **Dreieinigkeit**: Vater, Sohn und **Heiliger Geist**. Das Nizänische Glaubensbekenntnis beschreibt, wie Jesus starb und wie er von den Toten **auferstand**.

Erik: Nizänisches Glaubensbekenntnis?

Elisa: Nach dem Konzil von Nicäa im Jahr 325 n. Chr. in der heutigen Türkei. Es war das erste Mal, dass sich die gesamte christliche Kirche in bestimmten philosophischen Fragen **einigte**. Sie einigten sich darauf, wie das Osterdatum **festgelegt** werden sollte.

Erik: Welche Fragen?

Elisa: Hast du nicht zugehört, was Professor Aymard uns erklärt hat? Die Frage nach der Natur Jesu Christi. Hatte Jesus einen Ursprung? Wurde es erschaffen oder wo war der Anfang?

Erik: Und was haben sie entschieden?

Elisa: Dass Jesus keinen Anfang hatte. Ihn gab es schon immer. Das bedeutete auch, dass viele der philosophischen Ideen **aufgelöst** wurden. Viele Debatten waren nicht mehr **nötig**.

Ina: Ich schätze, das war eine Zeit lang so, oder? Die Philosophie wurde zu einem Werkzeug für die Theologie und wurde durch das **begrenzt**, was man für Fakten hielt.

Elisa: Richtig. Es gab keinen Raum für andere Ideen oder **Herausforderungen**. Heute ist das anders. Die Theologie ist mit Wissenschaft und Philosophie verwandt. Wusstet ihr, dass es ein katholischer Priester war, der Anfang des 20. Jahrhunderts als Erster die **Urknalltheorie** aufstellte?

Erik: Das hätte ich nicht gedacht! Er war also sowohl Wissenschaftler als auch Gläubiger?

Ina: Genau. Das eine schließt das andere nicht aus.

Kernaussagen:

- *Die jüdische Tradition war die einzige, die an die Existenz eines einzigen Gottes glaubte (im Gegensatz zu den griechischen und römischen Religionen, die an viele Götter glaubten). Nach der **Kreuzigung** Jesu entwickelte sich das Christentum aus seinen jüdischen **Wurzeln**, aber es dauerte viele hundert Jahre, bis sich die Kirche auf ihren Glauben einigen konnte. Dies führte zu den Glaubensbekenntnissen, bei denen es sich um philosophische Glaubensbekenntnisse handelt. Sie wollten definieren, wie **Gläubige** über Gott denken sollten. Philosophie und Theologie waren eng miteinander verbunden. Die Fragen der sokratischen Philosophen wurden durch die Perspektive des christlichen Glaubens betrachtet. Es wurden Antworten auf der Basis der Wahrheit des Christentums gefunden.*

Vokabular

eine Kerze anzünden to light a candle
(die) Bekehrung the conversion
(das) Werkzeug the tool
rechtfertigen to justify
(der) Geruch the smell
(der) Weihrauch the incense
(die) Messe the mass
scheint (scheinen) to seem
(das) Aufkommen the emergence
damals back then, at that time
erschaffen to create
(das) Mittelalter the Middle Ages
(der) Gegensatz the contrast
weitgehend largely, to a great extent
(die) Spaltungen the split
(das) Ergebnis the result
(das) Nizänische Glaubensbekenntnis the Nicene Creed
beten to pray
(die) Dreieinigkeit the Holy Trinity
(der) Heilige Geist the Holy Spirit
auferstand (auferstehen) to rise
einigte (einigen) to agree
festgelegt (festlegen) to establish, to determine
aufgelöst (auflösen) to dissolve, to disband
nötig necessary
begrenzt limited
(die) Herausforderungen the challenges
(die) Urknalltheorie the Big Bang theory
(die) Kreuzigung the crucifixion
(die) Wurzeln the roots
(der) Gläubige the believer

KAPITEL SECHS:
DIE DUNKLEN JAHRE,
DAS MITTELALTER UND
EIN WENIG LICHT!

Ina, Erik und Elisa besuchen die Vorlesung von Professor Aymard. Danach gehen sie ins Café de Flore, um etwas zu trinken und zu lernen.

Professor Aymard: Sie fragen sich vielleicht, warum ich Ihnen dieses Zeitalter der Philosophie zeigen möchte. In vielen Philosophie-Büchern wird die Zeit des antiken Griechenlands nur kurz beschrieben und dann zu Descartes gegangen. Aber dann würden mehrere hundert Jahre fehlen. Ihnen fehlt die Lektion, dass die Philosophie in dieser Zeit ein Werkzeug für die Theologie war. Was wir als Philosophie kennen, wurde in den **Dienst** der christlichen Kirche gestellt. Das ist nicht schlimm, aber für uns nur schwer zu verstehen. Wir leben in einer Welt, in der die meisten Menschen der Religion wenig **Aufmerksamkeit** schenken. Wir können frei entscheiden, ob wir glauben oder nicht glauben. Im Mittelalter war die Religion (insbesondere das Christentum) **grundlegend**. Ein Mensch lebte sein ganzes Leben nach den Traditionen, Ritualen und **Überzeugungen** der Kirche. Die Philosophie war nur ein Teil davon. Während dieser Zeit traten einige der größten **Denker** in der Geschichte des Christentums hervor: Augustinus, Aquin und Anselm (um nur einige zu nennen). Es ist wichtig, dass wir im Laufe der Zeit mehr über sie lernen. Nur so erfahren wir, was passiert ist. Die **Schlüsselwörter** sind „**Glaube**" und „**Vernunft**". Beide wurden **verwendet**, um zu **beeinflussen**, wie Menschen über religiöse Themen dachten.

Ina, Erik und Elisa sind im Café. Sie kamen früh an und bestellten sich Croque Monsieur und Pommes.

Erik: Ich habe solchen Hunger! Ich habe heute noch nichts gegessen.

Elisa: Das ist **deine Schuld**! Du solltest etwas frühstücken. Kein **Wunder**, dass du dich in der Vorlesung nicht konzentrieren kannst. Du kannst etwas von meinem Teller haben. Ich habe während der Vorlesung von Professor Aymard so viele Süßigkeiten gegessen. Ich bin einfach **satt**.

Ina: Ich fand die Vorlesung sehr interessant. Es ist erstaunlich, sich vorzustellen, dass sich die Philosophie in all diesen Jahrhunderten nicht viel weiterentwickelt hat. Alles konzentrierte sich auf die Kirche und auf das Verständnis von Gott und Moral. Wissenschaftlichen Entdeckungen oder der Entwicklung neuer Technologien stand nicht viel im Weg. Es war wie ein **Rückschritt** nach dem Römischen Reich und des antiken Griechenlands.

Ina: Deshalb wird die Ära auch als die dunklen Jahre bezeichnet. Die meisten Menschen konnten weder lesen noch schreiben. Sie waren zu sehr damit **beschäftigt**, zu **überleben**. Für Philosophie blieb nicht viel Zeit. Nur in **Klöstern**, wo **Mönche** Zeit zum Lesen und Lernen hatten, überlebte etwas, das der Philosophie ähnelte. Alle bekannten Persönlichkeiten der damaligen Zeit waren Mönche: der heilige Thomas von Aquin, der heilige Augustinus, der heilige Anselm und die anderen. Sie benutzten die Philosophie als Werkzeug, um ihre Vorstellungen von Gott und Moral zu entwickeln.

Erik: Es muss eine seltsame Zeit gewesen sein. Niemand stellte die Lehren der Kirche infrage. **Obwohl** … Wenn sie glaubten, dass Theologie eine Wissenschaft sei, nahmen sie das wohl als Fakten hin?

Ina: Genau. Es gab keinen Grund, die Theologie infrage zu stellen. Außerdem gab es keine Alternative. Die Philosophie wurde als Mittel verwendet, um Überzeugungen zu **verstärken**, die die Menschen bereits hatten.

Erik: Das ist wie das kosmologische Argument. Einer ihrer **Verteidiger** war der heilige Thomas von Aquin. Er behauptete, dass alles eine **Ursache** hat, also auch das Universum. Für ihn war Gott die Ursache. Es gibt für ihn keine andere Ursache außer Gott.

Ina: Nicht unbedingt Gott. Das kosmologische Argument zeigt nur, dass es eine Ursache gab. Sie sagt aber nicht, dass es der Gott war, an den Christen glauben.

Erik: Einverstanden, aber Thomas von Aquin glaubte das. Er hatte andere Möglichkeiten, die Existenz Gottes zu beweisen. Sein Bewegungsargument zum Beispiel. Er **bekräftigte**, dass sich alles bewegt, aber dass jede Bewegung einen Motor haben muss. Dieser ursprüngliche Motor war für ihn Gott.

Ina: Aber das beweist noch nicht die Existenz des christlichen Gottes.

Erik: Das habe ich auch nicht **behauptet**. Aber Aquin dachte das. Er glaubte, dass die Theologie eine Wissenschaft sei. Er benutzte logisches Denken, um seine Argumente zu beweisen. Außerdem war er nicht der Einzige. Ich mag auch das St. Anselm-Argument (das ontologische Argument). Er **zitierte** die Bibel, um seine Argumentation zu verteidigen. „Der **Tor** spricht in seinem Herzen: Es ist kein Gott!", Psalm 14. Er sagte, dass die Definition von Gott die Existenz Gottes beweise. Gott ist das Größte, was wir uns vorstellen können. Wenn ihr an etwas noch Größeres denken könnt, wäre es Gott. Denkt an zwei Dinge: eines, das existiert, und eines, das nicht existiert. Es ist besser zu existieren als nicht zu existieren. Also ist das, was existiert, besser. Es ist alles definiert. Ich habe heute **aufgepasst**!

Elisa: Mir wird **schwindelig**! Aber es **hängt** auch vom Glauben **ab**, oder? Du hast recht, Ina. Keines dieser Argumente beweist die Existenz des christlichen Gottes, aber Aquins Glaube lehrte die Ursache ohne Ursache, die Bewegung ohne Motor und dass Gott nichts Größeres hat als sich selbst. Alles ist Gott, den wir in der Vorlesung kennengelernt haben.

Erik: Aber Thomas von Aquin hat sich auch für Ethik interessiert, oder?

Elisa: Selbstverständlich. Das ist der Teil, den ich am interessantesten finde. Er interessierte sich für viele Dinge. Sein berühmtestes Werk, *Summa Theologica*, ist riesig! Ethik ist ein zentrales Thema der christlichen Lehre. Thomas von Aquin glaubte, dass jeder von uns eine eingebaute rationale **Fähigkeit** hat, zu wissen, was richtig und was falsch ist. Und dass diese Fähigkeit von Gott kommt. Heute würden wir sagen, dass es in unserer DNA liegt. Es ist eine Art, Ethik zu sehen, die sich auf unser Verhalten konzentriert, nicht auf die Konsequenzen. Sie ist auch absolutistisch, weil es auf jedes moralische Dilemma eine richtige und eine falsche Antwort gibt. Thomas von Aquin glaubte nicht an Optionen!

Erik: Aber das ergibt Sinn. Wir alle haben ein **Gewissen**, glaube ich. Wie sonst könnten wir wissen, was richtig und was falsch ist?

Ina: Wir lernen es von anderen. Es ist nicht von Anfang an Teil von uns. Gehört das nicht zum Erwachsenwerden? Wir lernen den Unterschied zwischen Gut und Böse. Ein Baby weiß nicht, dass es falsch ist, seinem Freund ein Spielzeug zu stehlen, aber ein Erwachsener würde nicht einfach jemand anderem eine Zeitung stehlen, oder?

Elisa: Ich denke, Erik hat recht. Wir haben ein **angeborenes** Gefühl für richtig und falsch. Manchmal wissen wir einfach, was richtig ist. Ob wir es tun oder nicht, hängt von uns ab.

Ina: Okay, das kann ich akzeptieren. Aber dass wir fühlen können, was richtig oder falsch ist, bedeutet nicht, dass wir so handeln. Deshalb glaubte Thomas von Aquin, dass wir einen **freien Willen** haben. Er würde sagen, dass wir immer das Gute möchten. Er sah darin einen Weg, Gott näherzukommen.

Erik: Ich kann mir eine solche Welt nur schwer vorstellen. Ich schätze, gewöhnliche Leute interessierten sich nicht für Philosophie. Sie hatten nicht viel Gelegenheit, selbst nachzudenken.

Elisa: Genau! Ich möchte lieber eine Welt, in der Menschen ihre eigenen Entscheidungen treffen. Ich brauche all diese komplizierten Argumente nicht, um meinen Glauben zu verstehen. Ich weiß, dass ich glaube, und das ist genug.

Kernaussagen:

- *Während des Mittelalters gingen viele Texte des antiken griechischen Denkens im Westen verloren, um im späteren Mittelalter „wiederentdeckt" zu werden. Viele dieser Texte wurden von islamischen **Gelehrten** im Osten **aufbewahrt**. Denker wie der heilige Thomas von Aquin und der heilige Anselm nutzten diese neu entdeckten Texte (wie die von Aristoteles) als Grundlage für ihr eigenes Schreiben und Denken. Die Methoden der Logik und Rhetorik wurden auf die christliche Theologie angewendet, was zu einer Vielzahl von Argumenten für die Existenz Gottes führte (wie kosmologische und ontologische Argumente).*

Vokabular

(der) Dienst the service
(die) Aufmerksamkeit the attention
grundlegend fundamental
(die) Überzeugungen the conviction
(der) Denker the thinker
(die) Schlüsselwörter the keywords
(der) Glaube the belief
(die) Vernunft the reason
verwendet (verwenden) to use
beeinflussen to influence
deine Schuld your fault
(das) Wunder the miracle
satt full
(der) Rückschritt the regression
beschäftigt occupied
überleben to survive

(die) Klöster the monasteries
(die) Mönche the monks
verstärken to amplify
(der) Verteidiger the defender
(die) Ursache the cause
Einverstanden Agreed
bekräftigte (bekräftigen) to affirm
behauptet (behaupten) to claim
zitierte (zitieren) to quote
(der) Tor the fool
aufgepasst (aufpassen) to pay attention
schwindelig dizzy
hängt ... ab (abhängen) to depend
selbstverständlich of course
(die) Fähigkeit the skill
(das) Gewissen the conscience
angeborenes innate
(der) freie Wille the free will
(die) Gelehrten the scholars
aufbewahrt (aufbewahren) to store, to keep

KAPITEL SIEBEN: DER ANFANG DER MODERNEN PHILOSOPHIE

*Ina, Erik und Elisa stehen kurz vor einer Prüfung. Professor Aymard nimmt alles dran, was sie **bisher** gelernt haben.*

Professor Aymard: So kommen wir zum Ende dessen, was wir „Scholastik" nennen. Wir haben gesehen, wie die alten Griechen begannen, Fragen über die Welt zu stellen und Theorien über die Natur zu entwickeln, die nicht auf Göttern oder Mythologien basierten. Dies war die sogenannte antike Philosophie, aus der viele verschiedene Denkrichtungen hervorgingen: Stoizismus, Epikureismus und so weiter. Dann sahen wir, wie die Philosophie zu einem Werkzeug für die Theologie wurde und wie beide Ansätze über Jahrhunderte fast nicht zu unterscheiden waren. Das war scholastisch. Die Kirche hatte das letzte Wort in der Philosophie. Während dieser Zeit wurde Aristoteles wiederentdeckt und viele der klassischen Argumente für die Existenz Gottes tauchten auf. Es war die Kirche, die zusammen mit islamischen Gelehrten viele der uns heute bekannten Texte aus der Antike bewahrt hat. Das ist wichtig. Denn es beginnt eine neue Ära – die Ära der modernen Philosophie. Aber bevor wir mit dem nächsten Thema beginnen, betrachten wir noch einmal im Detail das bisher Gelernte. Die Prüfung wird die Antike und die Scholastik umfassen. Sie schaffen das! Guten Abend allerseits!

Ina, Erik und Elisa verlassen die Vorlesung und spazieren gemeinsam durch Paris.

Erik: Warum müssen wir eine Prüfung ablegen? Das sind alles nur **altmodische** Ideen. Ich verstehe immer noch nicht, warum sie relevant sind.

Ina: Wir haben viel gelernt, Erik. Wir erfuhren von den frühen Griechen und ihren Ideen von der Welt. Wir haben über Sokrates, Platon und Aristoteles gesprochen und wie viel wir ihnen heute zu verdanken haben. Wir lernten etwas über das Christentum und wie Philosophie und Theologie zusammenhängen und im Mittelalter **bewahrt** wurden. Wir kennen jetzt die alten Schulen der Zyniker, Skeptiker, Epikureer und Stoiker. Das ist schon echt viel!

Erik: Aber das ist alles dasselbe. Für mich gibt es zwei Perspektiven. Auf der einen Seite sind die Griechen und dann das Christentum. Ich sehe keine Entwicklung und wir stellen immer wieder dieselben Fragen. Wann kommen die Antworten?

Elisa: Hast du heute nicht zugehört? Wir sind am Anfang der modernen Philosophie angekommen. Wir sind erst bei der Scholastik. Die Kirche behielt viel von Aristoteles und Platon bei, stellte aber Thomas von Aquin und die anderen scholastischen Philosophen kaum infrage. Sie machten aus der Theologie eine Wissenschaft, die nicht hinterfragt werden musste. Die Philosophie wurde zu einem Werkzeug für die Kirche.

Ina: Gegen Ende dieser Ära kam ein radikaler Moment. Einige Denker **meinten**, dass religiöse Überzeugungen nicht durch die Philosophie zu **rechtfertigen** seien. Das war eine große Zäsur. Wir müssen **betonen**, wie stark diese Ansicht die Richtung der Philosophie beeinflussen würde.

Erik: Die Wissenschaft wurde also wieder wichtiger?

Elisa: Du willst immer, dass die Wissenschaft wichtig ist, Erik. Viel wichtiger war der **Zeitgeist**. Es änderte sich nicht über Nacht, sondern Stück für Stück. Einige **hinterfragten** die Ideen von Aquin. Andere dachten, dass die Philosophie im Zusammenspiel mit der christlichen Lehre **gescheitert** sei. Es gab einen Mann namens William of Ockham. Er sagte, dass wir Entitäten nicht unnötig **vermehren** sollten.

Erik: Was soll das heißen?

Elisa: Das soll heißen, dass wir nichts zu kompliziert machen sollen. Wenn du **Hufe** hörst, denkst du an Pferde, nicht an Zebras. Die einfachste Erklärung ist meistens die richtige. In einer Welt, in der Gott die Ursache von allem war, unterschied sich dieser Denkansatz sehr von der Art und Weise, wie die meisten Menschen dachten. Die Wissenschaft wurde mit **Argwohn** betrachtet. Denke mal an Galilei. Er wurde vor Gericht gestellt, weil er behauptete, die Erde drehe sich um die Sonne und befinde sich nicht im Zentrum des Universums. Nicht die Wissenschaft hat den **Wandel bewirkt**, sondern die Reform.

Ina: Aber die Reform war christlich. Die Kirche war zwischen Katholiken und Protestanten gespalten. Warum sollte das die Philosophie beeinflussen?

Elisa: Diese Teilung bedeutete, dass frühere Fakten nun infrage gestellt wurden. Die Bibel wurde in verschiedene Sprachen übersetzt und mehr Menschen erfuhren von den Lehren der Kirche. Sie begannen, die Dinge zu hinterfragen. Nicht, weil sie nicht an Gott glaubten (das hätte damals niemand öffentlich gesagt), sondern weil sie Gott besser verstehen wollten. Nach dieser Spaltung konnten die Kirchen nichts mehr tun, um dieses Hinterfragen zu **verhindern**. Die Philosophie **erlebte** ihre Renaissance. Wir nennen das die „moderne Philosophie".

Erik: Es war sicher eine **beängstigende** Zeit. Alles, was als selbstverständlich galt, wurde plötzlich hinterfragt. Es ist fast so, als wäre unser Wissen über das Universum plötzlich falsch.

Ina: Oder dass wir nur **Gehirne** sind und nichts, was wir sehen, echt ist.

Elisa: Das geht zu weit, denke ich. Wir werden das alles später noch sehen. Aber zuerst müssen wir uns auf die Prüfung vorbereiten.

Kernaussagen:

- *Der **Aufstieg** der modernen Philosophie erfolgte langsam. Viele glauben, dass sie mit Descartes begann, aber der Prozess verlief **schrittweise**. Die Nützlichkeit der Philosophie als Werkzeug für die Theologie wurde hinterfragt. Die Reformation führte zu einer großen Spaltung des Christentums und damit zu einer Hinterfragung des Status quo. Die Christenheit wurde gespalten. Dies schuf das weitere Hinterfragen von bisherigen Fakten und Überzeugungen. Die katholische Kirche hatte keine absolute Kontrolle mehr über die christliche Lehre. Dies führte dazu, dass Dissidenten infrage stellten, was vorher nie infrage gestellt wurde. Die Renaissance der Philosophie hatte begonnen.*

Vokabular

bisher up to now
altmodische old-fashioned
bewahrt (bewahren) to maintain
meinten (meinen) to think, to believe
rechtfertigen to justify
betonen to emphasize
(der) Zeitgeist the contemporary spirit
hinterfragten (hinterfragen) to question
gescheitert (scheitern) to fail
vermehren to multiply
(die) Hufe the hooves
(der) Argwohn the suspicion
(der) Wandel the change
bewirkt (bewirken) to cause, to bring about
verhindern to prevent
erlebte (erleben) to experience
beängstigende scary
(die) Gehirne the brains
(der) Aufstieg the rise
schrittweise gradually

KAPITEL ACHT:
DER KARTESISCHE
WANDEL: DIE PHILOSOPHIE
VON DESCARTES

*Ina, Erik und Elisa haben gerade ihre Prüfungsergebnisse erhalten. Die jungen Frauen haben bessere Noten als Erik. Aber die **Stimmung** ist nach der Vorlesung dennoch gut, als sie gemeinsam an der Seine nach Hause gehen.*

Professor Aymard: Ich war positiv überrascht von einigen von Ihnen. Von anderen leider etwas weniger. Aber wir befinden uns noch in den ersten Tagen des Kurses und es gibt noch viel zu lernen. Heute möchte ich über eine imposante Figur der Philosophie sprechen. Sein Name ist René Descartes. Er ist so bekannt, dass wir von einem kartesischen Philosophie-Wandel sprechen. Er gilt als der **Begründer** der modernen Philosophie. Seine Ideen werden noch heute studiert. Als **angesehener** Mathematiker und Wissenschaftler war er sowohl Katholik als auch Philosoph. Aber im Gegensatz zu den Scholastikern war Descartes bereit, frühere Überzeugungen infrage zu stellen. Er suchte nach **Gewissheit**. Das führte ihn zur Entwicklung der kartesischen Methode. Descartes zweifelte an allem, bis er sich sicher sein konnte. Er war ein Rationalist. Wir werden in der nächsten Klasse noch mehr Rationalisten treffen.

Porträt von René Descartes von Frans Hals (zwischen 1649 und 1700)

Nach der Vorlesung gehen Ina, Erik und Elisa gemeinsam zum Café de Flore.

Erik: Professor Aymard hat mir gesagt, dass ich zu kritisch bin mit den Philosophen, die wir studieren. Aber ich dachte, dass es in der Philosophie darum geht, das zu hinterfragen, was andere sagen.

Elisa: Ja, aber man muss auch konstruktiv sein, wenn man anderer Meinung ist.

Erik: Aber wie kann ich konstruktiv sein, wenn ich denke, dass alles falsch ist?

Ina: Und heute? War Descartes nicht interessant?

Erik: Einige seiner Ideen fand ich echt gut. An allem zu **zweifeln**, auch an den **eigenen Sinnen**, finde ich vernünftig.

Elisa: Aber du sagst doch immer, dass dir die Fakten so wichtig sind und dass du alles glaubst, was die Wissenschaft sagt. Descartes zweifelte an allem.

Ina: Nicht an allem. Wir können nicht daran zweifeln, dass wir existieren. Das ist sein **berühmter** Satz: „Ich denke, also bin ich." Dadurch weiß ich, dass die **Außenwelt** und die Fakten der Mathematik keine Illusion sind. Solange ich etwas über mich selbst weiß, kann ich auch über diese Dinge **Bescheid wissen**.

Erik: „Cogito ergo sum" auf Latein.

Ina: Genau. Descartes dachte, dass wir alles anzweifeln könnten, sogar 2+2=4. Er behauptete, dass sogar die Mathematik falsch sein könnte, da Gott uns dazu bringen könnte, falsch zu zählen.

Elisa: Aber als Katholik musste er doch glauben, dass Gott gut ist. Ein guter Gott würde uns nicht **täuschen**.

Erik: Aber vielleicht ein böser Dämon! Das hat er doch gesagt, oder? Ein böser Dämon könnte uns über alles täuschen, außer dass wir denken. Wir können nicht daran zweifeln, dass wir denken, selbst wenn wir an allem zweifeln, was wir denken.

Ina: Heute hast du echt gut aufgepasst!

Erik: Ich mag Descartes, obwohl seine Ideen ein bisschen beängstigend sind. Für ihn gab es nichts, dessen wir uns sicher sein können. Unsere Sinne täuschen uns. Wir träumen **Träume**, die real erscheinen. Wir erinnern uns an Dinge, die nicht passiert sind …

Ina: Aber wir können uns sicher sein, dass wir denken. Alle wissenschaftlichen Fakten werden infrage gestellt, Erik. Es gibt keine Gewissheit über irgendetwas, außer, dass wir denken!

Erik: Außerdem gibt es noch einen Grund, warum ich ihn mag.

Elisa: Echt? Und der wäre?

Erik: Er war wie ich. Er schlief bis zum Mittag. Ich kann auch nicht früh aufstehen!

Ina: Hat Professor Aymard nicht gesagt, dass manche ihn für einen **Spion** hielten, weil er ständig umzog? Und du bist auch kein Spion, Erik ...

Erik: Das würdest du nicht wissen, selbst wenn es so wäre, oder?

Kernaussagen:

- *René Descartes war ein rationalistischer Philosoph, der an die Vernunft als einzigen Weg glaubte, um Wissen zu erlangen. Er wollte eine **unbestreitbare Grundlage** für sein philosophisches System schaffen. Das konnte er nur erreichen, indem er alles infrage stellte. Seine Arbeit brach mit der scholastischen Philosophie der Vergangenheit, obwohl er Katholik war und an Gott glaubte. Er ist als „Vater der modernen Philosophie" bekannt und wollte herausfinden, was wir mit Gewissheit wissen können und wie die Beziehung zwischen Körper und Geist aussieht. Als Dualist betrachtete er Körper und Geist als getrennte Dinge. Descartes erkannte, dass es **irreführend** sein konnte, den Sinnen zu vertrauen. Aber da er an seinen eigenen Sinnen zweifelte, wusste er, dass er existieren musste. Daher seine berühmten Worte: „Ich denke, also bin ich."*

(die) Stimmung the mood
(der) Begründer the founder
angesehener respectable
(die) Gewissheit the certainty
zweifeln to doubt
eigenen own
(die) Sinne the senses
berühmter famous
(die) Außenwelt the outside world
Bescheid wissen to know (about)
täuschen to deceive
(die) Träume the dreams
(der) Spion the spy
unbestreitbare undeniable
(die) Grundlage the foundation
irreführend misleading

KAPITEL NEUN:
LEIBNIZ UND SPINOZA:
DIE KONTINENTALEN
RATIONALISTEN

*Ina und Elisa warten auf Erik. Er hat eine **Überraschung** für sie und sie haben sich in seinem bevorzugten Literaturkiosk am Ufer der Seine **verabredet**.*

Ina: Er ist zehn Minuten zu spät. Wo steckt er?

Elisa: Da, auf der Brücke!

*Sie zeigt auf Erik, der mit einem Lächeln im Gesicht **herbeieilt**. Er hat einen **Verband** am Arm und beide fragen sich, was ihm passiert ist.*

Ina: Oh, Erik! Bist du in Ordnung? Hattest du einen Unfall?

Erik: Mir geht's gut. Auch wenn es ein bisschen **weh tut**.

Elisa: Was denn?

Erik: Das.

Er entfernt den Verband, um ein Tattoo zu enthüllen, das über die Länge seines Arms verläuft.

Ina: Das kann nicht wahr sein.

Erik: Doch. Ich habe euch doch gesagt, dass Descartes recht hat. „Ich denke, also bin ich." Das ist alles, was man braucht. Ich habe es mir auf den Arm tätowiert. Ich habe den perfekten Philosophen für mich gefunden.

Elisa: Du hast gar nicht erwähnt, dass du dich tätowieren lassen wolltest. Warum hast du das gemacht? Und bist du dir sicher, dass er recht hat? Deine Mutter wird nicht glücklich darüber sein!

Erik: Ich werde ein langärmliges Hemd tragen, wenn ich sie das nächste Mal sehe. Descartes ist das Einzige in diesem Kurs, was für mich Sinn ergibt. Ich weiß, dass ich denke und das bedeutet, dass ich existiere. Ich denke, also muss ich existieren. Ich kann alles anzweifeln, aber das nicht. Und ja, ich wollte schon immer ein Tattoo haben. Ich wollte mir eine Lilie machen, aber die Vorlesung hat mich dazu gebracht, meine Meinung zu ändern.

Elisa und Ina tauschen Blicke aus.

Ina: Wir müssen noch viele Philosophen kennenlernen. Außerdem hast du heute die Vorlesung verpasst. Es ging um Gottfried Wilhelm Leibniz und Baruch Spinoza.

Erik: Kein Problem. Erzählt mir von ihnen. Aber ich glaube nicht, dass sie besser sind als Descartes.

Elisa: Leibniz und Spinoza waren wie Descartes Rationalisten, aber sie hatten ihre eigenen Ideen. Spinoza dachte, dass die Welt nicht von Gott gemacht wurde, sondern Teil von Gott war.

Ina: Das war eine sehr umstrittene Idee. Er war Jude und seine Vorstellungen **widersprachen sowohl** dem jüdischen **als auch** dem christlichen Verständnis von Gott.

Erik: Wir sind also alle ein Teil von Gott? Und alles, was es gibt, ist ein Teil von Gott?

Elisa: Sogar dein Tattoo. Das nennt man Pantheismus. Erinnerst du dich an die Stoiker? Einige von ihnen glaubten das auch. Es ist eine rationale Alternative zu Descartes.

Ina: Aber Spinoza interessierte sich auch für Ethik. *Ethik* war der Titel seines bekanntesten Buches. Er dachte, dass Philosophie eine spirituelle Praxis und ihr Ziel Glück sei. Bertrand Russell nannte ihn „den **edelsten** und **entzückendsten**" der großen Philosophen. Obwohl Descartes der Vater der modernen Philosophie war, spielt auch Spinoza eine wichtige Rolle. Spinoza ist verantwortlich für unser Denken der Philosophie als Mittel, um moralische Güte zu erreichen. Er wollte, dass die Philosophie das Leben der Menschen verändert.

Erik: Und er war ein Freund von Leibniz? Wie haben Sie sich getroffen?

Elisa: Leibniz **gab vor,** ihn nicht zu kennen. Sie kannten sich, aber Leibniz wollte in seiner Karriere Erfolg haben. Mit jemandem wie Spinoza befreundet zu sein, **hätte** nicht geholfen. Aber Leibniz ist auch interessant. Er behauptete, dass wir in „der besten aller möglichen Welten" leben.

Erik: Was bedeutet das? Die meisten denken doch, dass es viel Schlechtes auf dieser Welt gibt, oder?

Ina: Er versuchte, das Problem des **Bösen** zu lösen. Es heißt „Theodizee". Wie kann es so viel Böses in einer Welt geben, die von einem liebenden Gott erschaffen wurde? Leibniz sagte, Gott musste ein Universum aus allen möglichen Universen wählen. Da Gott vollkommen gut und vollkommen vernünftig sei, müsse unsere Welt die bestmögliche Option sein.

Erik: Aber das Böse existiert noch.

Ina: Ja, deshalb ist unsere Welt nur die beste aller möglichen Welten. Die Alternativen wären so viel schlimmer!

Elisa: Ihn interessierte die Substanz der Welt. Im Gegensatz zu Spinoza glaubte er nicht, dass die Welt aus Gott besteht oder dass es nur drei Substanzen gibt (Gott, Geist und Materie) wie Descartes. Er glaubte, dass es unendlich viele Substanzen gibt. Er nannte sie Monaden. Erinnert ihr euch noch, dass Thales dachte, dass die Welt aus Wasser besteht? Das ist nur eine **anspruchsvollere** Version. Aber sie basiert eher auf Vernunft als auf Erfahrung.

Erik: Monaden? Was für ein seltsames Wort!

Elisa: Aber irgendwie hatte er recht. Wenn wir uns Monaden als Atome vorstellen, können wir es besser verstehen. Es ist das Kleinste, was wir uns vorstellen können. Damals hatte Leibniz noch nicht die wissenschaftlichen Möglichkeiten, die wir heute haben. Er kam durch Vernunft zu diesen Ideen.

Erik: Alles besteht also aus Monaden?

Elisa: Ja. Heute würden wir Atome oder noch kleinere Elemente darunter verstehen.

Ina: Ich habe einen interessanten Fakt über Spinoza für dich, Erik. Vielleicht magst du ihn dann besser.

Erik: Lass hören …

Ina: Er hat **Spinnen** aus ihren eigenen **Spinnennetzen** geholt, sie in andere Netze gesetzt und ihnen beim **Kämpfen** zugesehen. Er fand das lustig.

Elisa: Das ist ja schrecklich!

Erik: Und **eklig**! Ich bleibe lieber bei Descartes.

Kernaussagen:

- *Spinoza und Leibniz waren Teil der rationalistischen Philosophie. Sie glaubten, dass bestimmte Wahrheiten über die Welt nur durch die Vernunft erreicht werden könnten und dass die Erfahrungen der Sinne **zweitrangig** seien. Leibniz mochte aber **weder** die Philosophie von Descartes **noch** von Spinoza. Sie hatten viele Interessen. Spinoza war der umstrittenere, während Leibniz eine Figur des Establishments war. Spinozas umstrittenste Idee ist, dass die Welt ein Teil Gottes ist. Dies ist als Pantheismus bekannt. Dafür wurde er aus der jüdischen Gemeinde exkommuniziert. Der griechischen Tradition folgend erinnerte er seine Leser an die Bedeutung der Philosophie für ein gutes Leben und daran, dass die Praxis der Philosophie zu moralischer Güte führen könne.*

Vokabular

(die) Überraschung the surprise
verabredet (verabreden) to arrange to meet up
herbeieilt (herbeieilen) to hurry
(der) Verband the bandage
weh tut (weh tun) to hurt
widersprachen (widersprechen) to contradict
sowohl als auch as well as
edelsten noblest
entzückendsten most delightful
hätte would have
(das) Böse the evil
anspruchsvollere more demanding
Lass hören tell me
(die) Spinnen the spiders
(die) Spinnennetze the spiderwebs

(die) Kämpfe the fights
eklig disgusting
zweitrangig secondary
weder ... noch neither ... nor

KAPITEL ZEHN: ENGLISCHER EMPIRISMUS: LOCKE, BERKELEY UND HUME, DIE DREI WEISEN ENGLÄNDER

Professor Aymard beendet die Vorlesung. Ina, Erik und Elisa gehen in die Cafeteria. Stolz zeigt Erik Robert sein neues Tattoo, als dieser ihnen Getränke und drei Stück Kuchen gebracht hat.

Professor Aymard: Stellen Sie sich den Empirismus als das Gegenteil von Rationalismus vor. Rationalisten glaubten, dass sie mit Vernunft die Wahrheiten über die Welt erkennen können. Empiriker glaubten, dass sie sich auf ihre Sinne verlassen müssen, um Wissen zu erlangen. Die Tradition des Rationalismus entwickelte sich in Kontinentaleuropa, während im Vereinigten Königreich die Empiriker **erschienen**. Vernunft oder die Sinne. Das ist Ihre Entscheidung.

Elisa: Oder beides?

Professor Aymard: Ja, natürlich. Es gibt nie immer nur Schwarz oder Weiß. Vielleicht ist auch ein Mittelweg möglich. Darüber erfahren wir in der nächsten Vorlesung mehr. Wir werden über die gesunde Skepsis gegenüber den Sinnen sprechen und erfahren, wie sie uns vernünftig dabei helfen können, Wissen zu erlangen. Der Empirismus **appelliert** direkt an unseren

Sinn für Vernunft. Wenn ich etwas vor mir sehe, glaube ich automatisch, dass es da ist. Ich glaube, dass ich es nutzen und ihm einen Sinn geben kann. Sehen, **Fühlen**, **Riechen**, **Hören** und **Schmecken** tragen dazu bei, Dinge so zu erleben, wie sie in der Welt sind. Aber die Frage ist immer: „Kann ich meinen Sinnen trauen?" Entscheiden Sie selbst. In unserer nächsten Vorlesung werden wir über den Mann sprechen, der genau das getan hat: Immanuel Kant. Guten Abend allerseits.

Ina, Erik und Elisa gehen in die Cafeteria, wo Robert von Eriks Tattoo überrascht ist.

Robert: Meinst du nicht, es wäre besser gewesen, erst alle Philosophen kennenzulernen, bevor du dich für einen entscheidest? Descartes hatte wichtige Ideen, aber ihr alle habt noch viel zu entdecken. Vielleicht war es keine so vernünftige Idee, seinen Satz auf den Arm zu tätowieren …

Erik: Nichts, was ich heute gehört habe, hat meine Meinung geändert. Ich glaube nicht, dass ich meine Meinung ändern werde.

Elisa: Aber du sagst doch immer, dass du Fakten **bevorzugst**. Heute ging es um Empirismus. Wenn es für dich ein perfektes philosophisches Konzept gibt, dann das, das besagt, dass die einzigen vernünftigen Dinge, die wir glauben können, jene sind, die wir mit unseren Sinnen erfahren.

Ina: Das ergibt für mich Sinn. Was wir beobachten, ist das, was wir wissen. Der Rest ist nur Spekulation. Woher kannte Leibniz Monaden? Ich konnte sie nicht sehen. Aber ich kann mein Getränk und das Glas sehen. Ich sehe es, ich kann es **berühren** und ich kann daraus trinken.

Erik: Aber was, wenn dich deine Sinne täuschen? Erinnerst du dich nicht an den Dämon von Descartes? Die Sinne können getäuscht werden. Denke an **optische Täuschungen**. Was wir sehen, ist nicht immer echt. Deshalb bediente sich Descartes des Rationalismus. Er muss sich die Dinge nicht anschauen. Er dachte darüber nach. Er erforschte die Welt des Geistes in seinem **Sessel** am Kamin. Das sind echte Fakten. Ich weiß, dass ich Wissenschaft schon immer gemocht habe, aber ich habe nie darüber nachgedacht. Wir können uns über nichts sicher sein, außer über Dinge, über die Descartes spricht.

Elisa: Das Einzige, wovon du überzeugt bist, ist also ein Tattoo? Was ist mit dem Erik passiert, der nur die Fakten mochte?

Erik: Aber das sind Fakten. Die Dinge, die Descartes verstanden hat, sind wahrer als das Glas vor dir. Es könnte nur eine große Illusion sein.

Robert: Ich **wette**, du wirst immer noch aus der Tür des Cafés gehen, anstatt zu versuchen, durch die Wand zu gehen.

Erik: Was willst du damit sagen?

Robert: Natürlich kannst du Skeptiker sein, aber wir alle müssen unser Leben nach unseren Sinnen leben. Wir können nicht anders. Das ist die Perspektive der Empiristen. Sie glaubten, dass wir unseren Sinnen zumindest etwas vertrauen können. Wir müssen ihnen sogar vertrauen, wenn wir leben möchten. Denke an Pirro de Elis. Habt ihr von ihm in der Vorlesung für römische Philosophie gehört? Er musste oft aus gefährlichen Situationen gerettet werden, weil er sich **weigerte**, Dinge zu glauben, die ihm seine Sinne sagten. Empiriker haben eine vernünftigere Perspektive. Sie vertrauten auf ihre **zuverlässigen** Sinne. Wir können alle Gehirne in einer Illusion sein oder von einem bösen Dämon getäuscht werden. Aber alles, was wir erleben, ergibt Sinn in der Welt, in der wir leben.

Elisa: Genau.

Erik: Du bist also ein Empiriker, Robert?

Robert: Ich glaube schon. Ich würde mir bestimmt nicht das berühmte Zitat von Descartes auf den Arm tätowieren lassen!

Robert kehrt zu seiner Arbeit hinter der Theke zurück.

Ina: Du nimmst Robert nicht ernst. Er weiß viel mehr über Philosophie, als du denkst.

Erik: Ich glaube nicht, dass ihr mit dem Empirismus recht habt. Natürlich stimme ich John Locke nicht zu, dass wir kein angeborenes Wissen haben. Das hat Descartes nicht gedacht.

Ina: Was meinst du?

Erik: Ihr habt doch gehört, was Professor Aymard gesagt hat. Der englische Philosoph John Locke glaubte, dass wir mit einem Geist wie einer unbeschriebenen **Tafel** geboren werden, den er eine *Tabula rasa* nannte. Alles, was wir wissen, kommt von den Sinnen. Wenn wir geboren werden, wissen wir nichts. Sokrates dachte anders. In den sokratischen Dialogen zeigte er, dass ein **Sklave**, der nichts von Mathematik verstand, die Prinzipien der Geometrie einfach durch Logik **ableiten** konnte.

Elisa: Und was meinst du?

Erik: Ich glaube, dass Locke falsch liegt. Wir lernen vieles durch die Sinne, aber es gibt einige Dinge, die wir von Natur aus wissen. Wie die Tatsache, dass wir denken. Niemand hat es mir beigebracht. Nichts auf der Welt hat mir gezeigt, dass wir es tun. Die Vernunft sagt mir, dass ich ein denkendes Wesen bin. Ich kann nicht aus mir **herauskommen** und in mich **hineinschauen**, um es herauszufinden. Ich weiß es, weil es etwas ist, was ich gerade tue.

Ina: Und was ist mit David Hume? Er war ein Philosoph der **Aufklärung**. Er folgte einer wissenschaftlichen Methode. Genauso wie sein Held Isaac Newton. Er dachte, es gäbe kein Wissen abseits der Sinne. Vielleicht bist du gar kein so großer Wissenschaftler, Erik.

Erik: Ich mag die wissenschaftliche Methode. Ich schaue gerne Dinge an und sehe, wie sie funktionieren, aber Descartes hat meine Meinung darüber geändert, was das bedeutet. Interessierte sich Hume nicht mehr für Ethik?

Ina: Er hielt sich für einen Moralphilosophen. Er glaubte nicht, dass der Sinn für richtig und falsch durch Vernunft abgeleitet werden könne. Er glaubte, dass Gut und Böse von der Welt um uns herum und unserer Beobachtung bestimmt würden. Wie andere auf uns reagieren, bestimmt unser Verhalten. Gute Taten **erzeugen Zustimmung**. Schlechte Taten, **Missbilligung**. Eigentlich ist es ganz einfach.

Elisa: Er interessierte sich also für die **Folgen** von **Handlungen** statt für die Handlungen **selbst**.

Ina: So könnte man es sagen. Aber es ist nicht so einfach. Ihn interessierte, was Menschen zu moralischen Handlungen motiviert. Ihm ging es um Charakter, Tugenden und Laster. Es ist ein Prozess. Der Prozess der Handlungen, die zu Konsequenzen führen.

Erik: Ich bin mir nicht sicher, ob wir das trennen können. Warum können wir Handlungen und Konsequenzen nicht zusammen **berücksichtigen**?

Elisa: Vielleicht solltest du dir deine eigene ethische Theorie einfallen lassen, Erik.

Erik: Ich wüsste nicht, wo ich anfangen soll. Es gibt so viele verschiedene **Sichtweisen**. Woher wissen wir, welcher der richtige Weg ist?

Elisa: Deswegen ist Philosophie so wichtig. Sie hilft uns, über die Welt um uns herum nachzudenken und selbst zu entscheiden, was richtig und falsch ist.

Ina: Ich bin mir sicher, dass George Berkeley mich nicht überzeugt hat.

Erik: Der letzte der drei von Professor Aymard erwähnten Empiriker? Er sagte: „Sein heißt, wahrgenommen zu werden.“

Ina: Genau. Dinge existieren nur, weil wir sie wahrnehmen. Das klingt komisch.

Elisa: Dieses Café und alles andere auf der Welt existiert also nur, weil wir es uns ansehen.

Ina: Nicht „wir“, sondern du. Du bist die einzige Person, die sicher sein kann, was sie wahrnimmt. Du weißt nicht, was der Rest von uns sieht.

Erik: Aber das ergibt keinen Sinn. Sagt Berkeley wirklich, dass, wenn ich etwas nicht ansehe, es aufhört zu existieren? Wenn ich also jeden Morgen mein Zimmer verlasse, hört es auf, zu existieren. Das ist doch **Quatsch**.

Ina: Aber woher sollen wir das wissen? Ich mag die Idee nicht, aber es ist schwer, etwas dagegen zu sagen.

Elisa: Berkeley analysierte diese Probleme anhand seiner eigenen Theorie. Er war Bischof und sagte, wenn wir Dinge nicht beobachten, hören sie nicht auf zu existieren. Alles wird immer von Gott **wahrgenommen**. Ideen und Dinge in der Welt sind alles, was es gibt. Alles ist nur eine Idee, die wir wahrnehmen und die von Gott garantiert wird. Es klingt seltsam, aber wie könnten wir es anders wissen? Wir können dein Zimmer jetzt nicht sehen.

Erik: Doch, wenn ich dort eine Kamera installiere, die ich mit meinem Telefon synchronisiere.

Ina: Dann würdest du nur das Bild der Kamera sehen. Berkeleys Idee war radikal und eine andere Form des Empirismus. Er war ein Idealist. Er glaubte, dass wir uns die Dinge in der Welt so vorstellen, wie sie sind. In Rhode Island gibt es ein Museum, das seinem Leben **gewidmet** ist. Dort lebte er während seiner Zeit in den Vereinigten Staaten.

Erik: Und woher wissen wir, dass es wirklich da ist? Wir können es nicht sehen.

Ina: Sehr lustig, Erik …

- *Im Gegensatz zum Rationalismus lehrt der Empirismus, dass unser Wissen über die Welt von unseren Sinnen kommt. Empiriker glauben, dass wir unseren Sinnen vertrauen können: Es gibt keine bösen Dämonen, die uns täuschen könnten. Wir können durch unsere Sinne wahre und genaue **Kenntnisse** der Welt erlangen. Die Spaltung zwischen Rationalismus und Empirismus war viele Jahre lang eine **Hauptquelle** für Meinungsverschiedenheiten in der Philosophie und ist es immer noch. John Locke argumentierte, dass wir als unbeschriebenes Blatt geboren werden und durch Erfahrung Wissen erlangen. David Hume glaubte, dass es kein Wissen gibt, das über das hinausgeht, was unsere Sinne uns sagen. George Berkeley argumentierte, dass nur das, was wir mit unseren Sinnen wahrnehmen, real ist.*

Vokabular

erschienen (erscheinen) to appear
appelliert (appellieren) to appeal
(das) Fühlen the touch
(das) Riechen the smell
(das) Hören the hearing
(das) Schmecken the tasting
bevorzugst (bevorzugen) to prefer
berühren to touch
(die) optischen Täuschungen the optical illusion
(der) Sessel the armchair
(die) Wette the bet
weigerte (weigern) to refuse
zuverlässigen reliable
(die) Tafel the blackboard
(der) Sklave the slave
ableiten to deduce, to derive
herauskommen to come out
hineinschauen to look in
(die) Aufklärung the Enlightenment

erzeugen to generate
(die) Zustimmung the approval
(die) Missbilligung the disapproval
(die) Folgen the consequences
(die) Handlungen the actions
selbst self
berücksichtigen to take into consideration
(die) Sichtweisen the points of view
(der) Quatsch the nonsense
wahrgenommen (wahrnehmen) to perceive
(die) Kenntnisse the knowledge
(die) Hauptquelle the main source
(die) Meinungsverschiedenheiten the disagreements

KAPITEL ELF:
KANT: DAS DING
AN SICH UND DER
KATEGORISCHE IMPERATIV

*Ina, Erik und Elisa laufen nach der Vorlesung gemeinsam durch Paris. Professor Aymard hatte sie gewarnt, dass Immanuel Kant nur schwer zu verstehen sei. Alle sind **verwirrt** und versuchen zu verstehen, was sie gelernt haben. Unterwegs treffen sie Professor Aymard und bitten ihn, ihnen noch einmal ein paar Dinge zu erklären.*

Erik: Wusstet ihr, dass Kant Königsberg nie verlassen hat? Er wurde dort geboren und starb 79 Jahre später, ohne die Stadtgrenzen je verlassen zu haben.

Elisa: Er ist nie verreist?

Erik: Nein. Man konnte die Uhren nach ihm stellen. Er hatte einen streng **geregelten** Alltag, was wirklich langweilig klingt.

Ina: Trotzdem wurde er einer der berühmtesten Philosophen der Geschichte. Seine Ideen sind bis heute relevant.

Kant-Porträt eines unbekannten Künstlers um 1790

Elisa: Ich habe kaum verstanden, was Professor Aymard uns erklärt hat. Ethik war leichter zu verstehen. Ich mag die Idee, dass es wichtig ist, was eine Handlung motiviert, und nicht die Konsequenz.

Ina: Ich auch. Obwohl ich beides für wichtig halte.

Erik: Ich wünschte, Philosophen würden aufhören, Dinge so absolut zu **betrachten**. Die Welt funktioniert nicht immer nach **Regeln**. Zumindest nicht, wenn es um Moral geht. Warum gibt es keine ethische Theorie, die Handlungen und Konsequenzen betrachtet?

Elisa: Du hast deine Meinung definitiv geändert, Erik. Aber Kants Moraltheorie war etwas komplizierter. Er war fasziniert vom moralischen Gesetz. Erinnerst du dich an den heiligen Thomas von Aquin? Wie er glaubte Kant, dass wir alle von einem moralischen Gesetz geleitet werden, das von innen kommt. Es ist wie ein Naturgesetz. Es konzentriert sich auf Handlungen, weil eine richtige Handlung zu etwas Gutem führen wird. Die Folgen können **unvorhersehbar** sein. Daher ist es besser, sich auf die Aktionen selbst zu konzentrieren.

Erik: Das nannte er den „kategorischen Imperativ", nicht wahr?

Elisa: Genau. Der kategorische Imperativ war Kants Art, für absolute moralische Forderungen zu argumentieren. Eine Formulierung des kategorischen Imperativs könnte lauten: „Tu deine Pflicht." Ohne **Bedingungen** ist es universell. Es spielt keine Rolle, wie die Situation ist. Wir müssen immer unsere Pflicht tun.

Erik: Aber wie können wir wissen, was unsere Pflicht ist? Es ist nicht immer klar! Zum Beispiel denke ich vielleicht, dass es immer meine Pflicht ist, die Wahrheit zu sagen. Aber es ist nicht immer richtig, die Wahrheit zu sagen! Ich denke, es gibt immer eine **Ausnahme**, wenn jemand sagt, dass etwas absolut richtig oder falsch ist.

Elisa: Das ist ein Problem für jedes ethische System mit absoluten **Anforderungen**. In manchen Fällen kann es gefährlich sein, die Wahrheit zu sagen, oder jemanden **verletzen**. Aber Kant war an der *Form* des kategorischen Imperativs interessiert, nicht an seinem **Inhalt**. Und wenn der kategorische Imperativ absolut **gültig** und universell sein muss, dann ist „Tu deine Pflicht" die beste Option, die uns **einfällt**. Vielleicht ist „immer die Wahrheit sagen" nicht in allen möglichen Szenarien unsere Pflicht. Aber denkt an die Zehn Gebote in der Bibel, die Gott Mose auf dem Berg Sinai gegeben hat. „Du sollst nicht töten." Ist das nicht ein guter absoluter moralischer Imperativ?

Erik: Ganz bestimmt. Ich möchte nicht an eine Situation denken, in der es in Ordnung wäre, jemanden zu töten.

Elisa: Exakt. Einige moralische **Gebote** sind universell. Allerdings hielt Kant die Zehn Gebote der Bibel nicht für kategorische Imperative. Der kategorische Imperativ ist ein allgemeineres Konzept. Kant dachte, dass Moral nur formal sein kann: Nur so können alle nach der gleichen Moral handeln. Die Form des kategorischen Imperativs ist sehr einfach wie „Tu deine Pflicht!" Wir sollten also fragen: Ist „Du sollst nicht töten" allgemein genug, um in die Form des kategorischen Imperativs zu passen? Ja, **ohne Zweifel**! Indem wir dieses Gebot **befolgen**, folgen wir dem kategorischen Imperativ.

Ina: Ich stimme auch zu. Ich denke, wir haben ein gutes Beispiel absoluter Moral gefunden. Obwohl es schwierig ist, andere zu finden. Aber ich weiß immer noch nicht, ob ich ethische Theorien bevorzuge, die Konsequenzen über Handlungen stellen, oder **umgekehrt**. Ist Kant mit seiner Theorie nicht in schwierige moralische Situationen geraten?

Elisa: Richtig. Er kam zu dem Schluss, dass es falsch wäre, einen Mörder **anzulügen**, der hinter einem Freund her ist, selbst wenn die Lüge das Leben des Freundes retten würde.

Erik: Aber das ist doch **verrückt**. Ich sehe nicht ein, warum eine ethische Theorie Handlungen und Folgen nicht berücksichtigen kann. Ich würde immer lügen, wenn ich jemandem das Leben retten würde.

Elisa: Nicht, wenn man nur an die Taten statt an die Folgen denkt.

Erik: Ich denke, wir können beides haben. Was passiert, wenn zwei widersprüchliche moralische Werte **aufeinanderprallen**? „Lüge nicht" gegen „Du sollst nicht töten". Letzteres müsste der Mörder tun, Ersteres aber der Freund des Verfolgten.

Elisa: Kant dachte an solche Fälle. Er dachte, dass es keine Pflichtkonflikte gibt. Denke daran: Nach Kant lautet der kategorische Imperativ „Tu deine Pflicht". Wenn wir denken, dass zwei Pflichten im Konflikt stehen, dann nur, weil wir noch nicht erkannt haben, welche Handlungsweise unsere Pflicht ist. In der realen Welt kann es schwierig sein, unsere Pflicht richtig zu identifizieren. Aber Kant dachte, dass unser inneres Gewissen uns immer sagt, was unsere Pflicht ist.

Ina: Ist es nicht zu optimistisch zu glauben, dass wir immer wissen, was unsere Pflicht ist?

Elisa: Es mag optimistisch klingen, aber du musst **zugeben**, dass Kant sein Bestes getan hat, um mit seinem eigenen System konsistent zu sein.

*Als Ina, Erik und Elisa um eine **Ecke biegen**, treffen sie auf Professor Aymard. Er hat es **eilig** und stößt fast mit ihnen zusammen.*

Ina: Professor Aymard! Haben Sie es eilig?

Professor Aymard: Nein, ich gehe immer schnell. Gehen hilft mir beim Denken. Das hat zumindest Nietzsche gesagt.

Elisa: Wir sprachen über Kant. Wir verstehen seine Ethik, aber was den Rest betrifft …

Professor Aymard: Ah, also gut … Kant in einer einzigen Vorlesung zu erklären, ist fast unmöglich. Ich weiß nicht, warum ich es versucht habe. Ich könnte es Ihnen nochmal erklären, wenn Sie möchten.

Ina: Das wäre super. Setzen wir uns hin?

*Ina, Erik und Elisa sitzen auf einer Bank in der Nähe. Professor Aymard berührt sein **Kinn** und **räuspert** sich, bevor er beginnt.*

Professor Aymard: Denken Sie an unsere Vorlesungen zu Descartes, Spinoza und Leibniz. Wir nennen diese Männer Rationalisten, obwohl sie ganz andere Vorstellungen hatten. Rationalismus ist die Idee, dass unser Wissen über die Welt aus logischer Deduktion stammt. „Ich denke, also bin ich" oder der Sklavenjunge in Platons Dialog, der Sokrates zum Beispiel eine Wahrheit über Mathematik sagt.[1] Ich habe es in einer unserer vorherigen Vorlesungen erwähnt. Aber in unserer letzten Vorlesung sind wir auf Empirismus **gestoßen**. Empirismus ist die Idee, dass all unser Wissen aus Erfahrung stammt. Wir schauen uns die Welt um uns herum an und lernen etwas über sie.

---

[1] In Platons Dialog Meno bittet Sokrates einen Sklaven, herauszufinden, wie man die Fläche eines **Quadrats verdoppelt**. Durch eine Reihe von Fragen kann das Kind die Antwort zeigen, obwohl es keine formale Mathematikausbildung hat. Sokrates verwendet dies als **Beweis** dafür, dass bestimmte Konzepte, beispielsweise in der Mathematik, allein aus der **Vernunft** abgeleitet werden können.

Ina: Erik bevorzugt Rationalismus, aber ich mag Empirismus. Es macht für mich Sinn, dass das, was ich sehe, berühre und fühle, mir etwas über die Welt sagt.

Erik: Aber ihr könnt euch nicht sicher sein, dass diese Dinge echt sind. Wir alle können von unseren Sinnen getäuscht werden. Woher weißt du wirklich, dass du ihnen vertrauen kannst?

Ina: Dein Tattoo sieht ziemlich echt aus …

Erik: Es fühlte sich real an, als sie es mir stachen!

Professor Aymard: Kant glaubte, dass sowohl der Rationalismus als auch der Empirismus uns etwas Wichtiges zu lehren hätten. Er argumentierte, dass unser Wissen über die Welt um uns herum aus einer Synthese von Erfahrung und Vernunft stammt.

Elisa: Eine Synthese?

Professor Aymard: Ja, denken Sie an dieses Beispiel. Stellen Sie sich vor, Sie treffen einen **Außerirdischen**. In diesem Fall *sehen* Sie den Außerirdischen und *hören* vielleicht sogar die Worte, die er sagt. Aber wir haben nicht das Konzept eines Außerirdischen. Mit anderen Worten: Wir wissen nicht, was ein Außerirdischer ist. Sonst wäre es kein Außerirdischer! Daher gibt Ihnen Ihre Erfahrung Informationen, aber Ihr Verstand kann nicht verstehen, was Ihre Augen sehen oder was Ihre Ohren hören. Ohne Erfahrung und Vernunft kann man kein Wissen über die Welt haben. **Beides** ist notwendig. Dies ist ein allgemeines Beispiel, aber es funktioniert. Um es mit Kant zu sagen: „Gedanken ohne Inhalt sind leer, Anschauungen [Erfahrung] ohne Begriffe sind blind." Das bedeutet, dass Gedanken ohne Erfahrung nur Fantasien sind und Erfahrungen ohne **Grund** nicht zu verstehen sind.

Elisa: Er hat beides kombiniert? Er war Rationalist und Empiriker.

Professor Aymard: Genau. Ohne unsere Sinne können wir die Welt um uns herum nicht wahrnehmen. Wir können weder sehen noch hören noch schmecken. Aber ohne unsere Vernunft können wir die Dinge, die wir sehen, hören oder schmecken, nicht verstehen. Wissen ist etwas, das wir durch die Sinne und unsere Vernunft erlangen.

Elisa: Es geht also nicht darum, die Welt um uns herum kennenzulernen und ihr einen Sinn zu geben?

Professor Aymard: So einfach ist das nicht. Kant glaubte, dass es Kategorien wie **Raum** und Zeit gibt, die uns helfen, die Welt zu verstehen. Er teilte die Welt in Phänomen (die Dinge, die wir sehen, die Welt, wie wir sie sehen) und Noumenon (die **tatsächliche Art und Weise**, wie die Dinge sind) ein.

Ina: Das klingt **verdächtig** nach Platon. Er dachte, dass das, was wir wahrnehmen, nicht die reale Sache selbst ist, sondern nur ein Schatten davon.

Professor Aymard: Das ist eine Möglichkeit, darüber nachzudenken. Kant glaubte, dass die Natur der Dinge, wie er es nannte, nicht etwas sei, was wir wirklich erkennen können. Nehmen wir zum Beispiel diesen Baum. Wir benutzen unsere Sinne, um ihn zu sehen, ihn zu berühren und ihn sogar zu schmecken. Wir benutzen unseren Verstand, um ihn zu verstehen und zu bestimmen, was er für uns bedeutet. Aber zu wissen, wie der Baum selbst ist … das können wir nicht wissen. Jeder Versuch, über die Welt der Dinge hinauszugehen, die wir sehen, ist **sinnlos**.

Elisa: Wie hat Kant also Gott, Schönheit oder Güte verstanden?

Professor Aymard: Das ist eine gute Frage. Kant glaubte an Gott. Aber er glaubte nicht, dass wir irgendein sinnvolles Wissen über Gott haben können, weil jede solche Behauptung die Grenzen der Sinne und das, was unsere Vernunft uns **vernünftigerweise** sagen könnte, **sprengen** würde.

Ina: Die Philosophie ist also auf das **beschränkt**, was wir sehen können und was unser Verstand uns sinnvoll über das sagen kann, was wir sehen.

Professor Aymard: Das Problem ist, dass Kants Theorien die Leute nicht daran **hinderten,** zu denken, dass er über solche Dinge sprechen könnte. Obwohl wir nicht wissen, wie ein Baum wirklich ist, wissen wir etwas über uns selbst. Jeder von uns ist eine Sache für sich. Descartes hat es bewiesen.

Ina: Danke, dass Sie uns Kant noch einmal erklärt haben, Professor Aymard. Es gibt viel zu bedenken.

Professor Aymard: Es wird Sie freuen zu hören, dass viele Menschen Kant nicht zugestimmt haben. Sie werden einen seiner größten Kritiker in der nächsten Vorlesung kennenlernen.

Erik: Sie meinen Nietzsche? Ich freue mich schon darauf!

Ina: Warum? Ich habe gehört, er sei schrecklich …

Professor Amyard: Lassen Sie sich nicht täuschen von dem, was Sie über Nietzsche gelesen haben. Es ist nicht so schlimm, wie Sie denken. Nun, ich gehe besser. Ich gehe ins Café de Flore, um mir ein großes Stück Schokoladenkuchen zu **gönnen. Mein Magen knurrt.**

Elisa: Auf Wiedersehen, Professor Aymard, und nochmals vielen Dank!

Kernaussagen:

- *Immanuel Kant ist eine der wichtigsten Persönlichkeiten der westlichen Philosophie. Sein Werk bringt Rationalismus und Empirismus zu einer Synthese zusammen. Wir **erwerben** Wissen über die Welt durch unsere Sinne und durch Anwendung der Vernunft. Aber das wahre Wesen der Dinge ist **unerkennbar:** die Sache selbst. Kants ethische Theorie konzentrierte sich eher auf Handlungen als auf Folgen. Bevor wir handeln, sollten wir uns immer fragen: „Ist diese Handlung meine Pflicht?" Wenn ja, dann ist es richtig. Das mag streng klingen, aber Kants Argumentation war logisch fundiert, auch wenn manche Konsequenzen unangenehm erscheinen.*

Vokabular

verwirrt confused
geregelten ordered
betrachten to view
(die) Regeln the rules
unvorhersehbar unpredictable
(die) Bedingungen the conditions
(die) Ausnahme the exception
(die) Anforderungen the requirements
verletzen to hurt
(der) Inhalt the content
gültig valid
einfällt (einfallen) to come to mind
(die) Gebote the commandments

ohne Zweifel without doubt
befolgen to follow
umgekehrt the other way round
anzulügen (anlügen) to lie to
verrückt crazy
aufeinanderprallen to collide
zugeben to admit
(die) Ecke the corner
biegen to turn (the corner)
eilig hurried
(das) Kinn the chin
räuspert (räuspern) to clear one's throat
gestoßen (stoßen) to bump
(das) Quadrat the square
verdoppelt (verdoppeln) to double
(der) Beweis the proof
beides both
(der) Grund the reason
(der) Raum the space
tatsächliche actual
(die) Art und Weise the manner
verdächtig suspicious
sinnlos meaningless
vernünftigerweise reasonably
sprengen to blow, to bust
beschränkt limited, restricted
hinderten (hindern) to hinder
gönnen to treat
Mein Magen knurrt. my stomach is rumbling.
erwerben to acquire
unverkennbar unmistakable

KAPITEL ZWÖLF:
SCHOPENHAUER
UND NIETZSCHE

Ina, Erik und Elisa gehen nach der Vorlesung zum Thema Schopenhauer und Nietzsche ins Café de Flore. Sie sind sehr traurig und Robert bringt ihnen Getränke.

Professor Aymard: Schopenhauer und Nietzsche sind zwei Riesen der Philosophie des 19. Jahrhunderts. Nietzsche war stark von Schopenhauer **beeinflusst**, der **wiederum** stark von Kant inspiriert war. Nietzsche **lehnte** jedoch Schopenhauers Philosophie **ab**. Für Nietzsche ging Schopenhauer nicht weit genug über das **Leiden** hinaus, um einen Sinn zu ergeben. Für Nietzsche war das Leben vor allem viel Leid, aber er glaubte, dass dieses Leid **überwunden** werden könnte. Er fordert uns auf, an einen glücklichen Moment zu denken, der unser Leben bestimmt. Er sagt, dass unser Leid allein für diesen glücklichen Moment **wert ist**. Wir können dem Leiden einen Sinn geben, weil es mit Freude **vermischt** ist und diese Freude authentisch und echt ist. Für Schopenhauer ist das Leiden ein **Endpunkt**. Für Nietzsche können wir dem Leben durch Momente der Freude einen Sinn geben.

Erik: Nietzsche hat einen schlechten **Ruf**, Professor Aymard. Gibt es Menschen, die ihn und seine Ideen komplett **ablehnen**?

Professor Aymard: Richtig, aber Nietzsche hatte viele wichtige Ideen. Wir sollten ihn ernst nehmen, auch wenn wir seinen Charakter etwas seltsam finden. Er schlug die Idee vor, dass ein Mensch im Moment des Todes sein ganzes Leben für alle **Ewigkeit** noch einmal wiederholt. Denken Sie einen Moment darüber nach. Sein Ziel war es nicht, eine alternative Sichtweise auf das Leben nach dem Tod zu schaffen, sondern uns die Momente der Freude **wertschätzen** zu lassen.

Erik: Damit wir uns in unserem Leben besser fühlen?

Professor Aymard: So kann man es sehen. Er argumentierte, dass wir, um Freude zu verstehen, auch leiden müssen. Stellen Sie sich Ihre glücklichsten Momente vor. Machen Sie sich bewusst, dass Sie viele unschöne Momente erleben mussten, um zu diesem Moment zu gelangen. Stimmen Sie dem zu? Das ist Nietzsches Herausforderung. Er schrieb ein wunderschönes Buch mit dem Titel *Also sprach Zarathustra*. In dem Buch gab es eine Figur, den Propheten Zarathustra, mit dem er seine Ideen kommunizierte. Er behauptete, Gott sei tot und verbrachte den Rest seines Lebens damit, mit der Philosophie den Sinn des Lebens zu erklären. Darüber hinaus repräsentierte der Tod Gottes den Tod der westlichen Philosophie. Nietzsche glaubte, dass die Moral, wie wir sie kennen, falsch sei und **ausschließlich** auf einer **Umkehrung** der griechischen Ethik durch seine christlichen **Erben** basiere.

Elisa: Hat er den Sinn des Lebens gefunden?

Professor Aymard: Er hat es auf jeden Fall versucht. Ohne Gott endete alles Selbstverständliche: die

Moral, die absolute Wahrheit, die Zusammensetzung des Universums. Alles war **zweifelhaft**. Nietzsche wollte der Existenz einen Sinn geben, ohne etwas außerhalb von uns zu brauchen. Wir werden uns bald mit Existentialismus befassen. Sie werden sehen, dass Nietzsche einer der Ersten war, der die existentialistische Denkweise **annahm**, die besagt, dass die Existenz der Essenz **vorausgeht**. Beim nächsten Mal schauen wir uns ganz unterschiedliche Philosophen an und finden heraus, wie die Philosophie sich im 20. Jahrhundert entwickelte!

Ina, Erik und Elisa verlassen die Vorlesung und kommen im Café de Flore an, wo sie Robert treffen, der fleißig hinter der Theke arbeitet.

Erik: Das war echt deprimierend. Ich habe keinen Appetit auf Kuchen, nachdem mir gesagt wurde, dass das Leben nur Leiden ist.

Robert: Habt ihr über Schopenhauer gesprochen?

Erik: Woher weißt du das?

Robert: Er ist bekannt als der Philosoph des Pessimismus. Er sagte, das Leben sei nur Leid.

Elisa: Er sagte nicht nur, dass das Leben ein Leiden sei. Er schrieb ein wichtiges Werk, *Die Welt als Wille und Vorstellung*. In dem Werk verteidigte er, dass die Welt unsere eigene Repräsentation ist. Wir verstehen sie durch den Intellekt, indem wir Konzepte wie Raum und Zeit verwenden. Aber das zeigt uns nur, wie die Welt *aussieht*, anstatt zu erklären, was wir wirklich sehen.

Ina: Kant hat das als Ding an sich bezeichnet, oder? Kant sagte, wir könnten nicht mit Sicherheit wissen, was ein Ding an sich ist. Wir können einen Baum ansehen, aber wir können nicht wissen, was es heißt, ein Baum zu sein oder den Baum nur als Baum sehen.

Elisa: Schopenhauer dachte das auch. Aber im Fall von Schopenhauer können wir uns selbst kennen (also wie ein Ding an sich). Das nannte er Wille. Der Wille ist das Ding an sich. Das ist sein großer Beitrag zur Philosophie. Wir verstehen nicht, was es heißt, ein Baum zu sein, aber wir wissen, was es heißt, wir selbst zu sein. Das nennt er Wille.

Ina: Und was ist der Wille?

Elisa: Während Kant sagte, dass das Ding an sich unerkennbar sei, behauptete Schopenhauer, dass wir es verstehen könnten, indem wir in uns selbst schauen. Wir wissen über uns selbst Bescheid und wir wissen etwas darüber, wie wir funktionieren.

Ina: Und der Baum?

Elisa: Schopenhauer würde sagen, dass der Baum auch einen Willen hat. Der Wille war seine Antwort auf alles, aber der Wille ist am Ende nutzlos. Es führt nur zum Tod. Der Wille ist ein Impuls, etwas zu tun, was wir gerade erleben. Wir wollen einen Berg **besteigen** oder einen Apfel essen. Alles, was wir tun, ist ein Wille für etwas. Der Baum will wachsen, auch wenn er Grenzen hat.

Robert: Als Beispiel nannte er das **Blasen von Seifenblasen**, damit sie möglichst groß werden. Wir tun es, obwohl wir wissen, dass sie irgendwann platzen werden. Dasselbe gilt für das Leben. Wir leben es, aber wir wissen, dass es enden wird. Wir können nicht anders, als das Leben zu leben.

Elisa: Das ist wirklich deprimierend!

Erik: Nietzsche war nicht viel besser. Ich habe viel über ihn gelesen. Er stellte alles infrage, einschließlich des Christentums und der Grundlage der Moral. Er argumentierte, dass die Art und Weise, wie wir die Welt sehen, falsch sei. Er sagte auch, dass alles, worauf unsere Werte basieren, neu **bewertet** werden müsse. Er unterschied zwischen zwei Kräften, der dionysischen und der apollinischen (benannt nach den griechischen Göttern Dionysos und Apollo). Der erste ist ein Symbol für Exzess und **Raserei,** der zweite ein Symbol der Vernunft. Für Nietzsche standen die christliche Kultur und ihre Moral im Kontrast zum Leben. Es gab keine dionysischen Elemente. Was nötig war, war eine Rückkehr zum Gleichgewicht der Vergangenheit und zur Welt der Griechen.

Elisa: Hat er das Christentum also komplett abgelehnt?

Erik: Ja, und die christliche Kultur als solche. Er argumentierte, dass alles, was in der Gesellschaft nicht stimmte, auf ihr christliches Erbe zurückzuführen sei. Er sagte auch, dass es keinen Sinn im Leben gibt, außer dem Sinn, den wir uns selbst schaffen, indem wir unsere eigenen Werte schaffen.

Ina: Er glaubte also nicht an den *Superman*?

Erik: Übermensch. Das wird zu gerne falsch übersetzt. Es bedeutet „über der Person". Es ist kein Superman-Charakter. Es geht mehr darum, die Art von Person zu sein, die in der Lage ist, die Probleme zu sehen, die Nietzsche identifiziert, und sie zu überwinden.

Nietzsche wollte, dass die Menschen ihre eigenen Werte schaffen.

Ina: Also muss jeder von uns entscheiden, wie wir leben? Ist das nicht gefährlich?

Erik: Ich glaube nicht, dass Nietzsche sich um Gefahren gekümmert hat. Nur ein bestimmter Typ Mensch konnte sich diese Werte schaffen: der Übermensch.

Robert: Nietzsche hat unter Philosophen zweifellos einen schlechten Ruf. In seinem Leben wurde er fast ignoriert. Am Ende wurde er verrückt. In Turin sah er, wie ein Pferd von seinem **Besitzer ausgepeitscht** wurde und rannte los, um es zu **umarmen**. Das war der Beginn seines Wahnsinns, der zehn Jahre bis zu seinem Tod **andauerte**.

Erik: Seine Schwester Elisabeth hat sich um ihn gekümmert. Sie benutzte seine Schriften für ihre eigenen **Zwecke** und **entstellte** Nietzsches Ideen. Erst ab den 1960er Jahren wurde Nietzsche von der Wissenschaft ernst genommen. Neue Übersetzungen seiner Werke wurden **veröffentlicht** und er hat alles beeinflusst, von der Literaturkritik bis zur Architektur, **ganz zu schweigen von** der Philosophie.

Elisa: Er sagte: „Gott ist tot." Ist das nicht sein bekanntestes Zitat?

Erik: Ja, aber Nietzsche war kein typischer Atheist. Man kann nichts töten, was es nicht gibt. Es ist nicht so, dass Nietzsche nicht an Gott glaubte – er wuchs als Sohn und Enkel lutherischer Pastoren auf. Er glaubte, dass er Gott nicht brauchte. Seine Philosophie war ein Versuch zu verstehen, was passiert, wenn wir eine Aussage wie diese ernst nehmen. Der russische Schriftsteller Dostojewski schrieb: „Ohne Gott ist alles erlaubt." Nietzsche interessierte sich dafür, wie diese Worte **entstanden** sind und was sie **bedeuteten**. Die meisten Menschen können seiner Meinung nach diese Philosophie nicht realisieren. Sie wären nicht in der Lage, ihre eigenen **Werte** zu **schaffen**.

Ina: Er war also Elitist? Seine Philosophie war nur für bestimmte Arten von Menschen **geeignet**.

Elisa: Was meinst du mit Elitist?

Ina: Das ist jemand, der nicht an **Gleichberechtigung** glaubt. Der politische Philosoph Karl Marx argumentierte, dass die Welt von Eliten kontrolliert wird, die er Bourgeoisie nannte. Das sind Menschen, die das Geld kontrollieren, mit denen andere leben. Eliten sind Menschen in Machtpositionen. Diese Macht kann wirtschaftlicher, politischer oder intellektueller Natur sein.

Erik: Ich glaube nicht, dass Nietzsche der einzige Philosoph ist, dem man Elitismus vorwerfen kann. In der Vergangenheit waren die meisten Menschen zu sehr damit beschäftigt, zu überleben, um sich um Philosophie zu kümmern. Philosophie ist der **Zeitvertreib** der Eliten, die Zeit zum Philosophieren haben! Wir haben das Glück, die Möglichkeit dazu zu haben. Früher hatte man keine Zeit, sich hinzusetzen und nachzudenken, wenn man nicht viel Geld hatte.

Ina: Würde Nietzsche dem zustimmen? Ich bin überrascht, dass du denkst, dass du Glück hast, Philosophie zu studieren, Erik!

Erik: Er kritisierte den größten Teil der Philosophie, obwohl er seine **akademische Laufbahn** mit dem Studium der Klassiker und des antiken Griechenlands begann. Die vorsokratischen Philosophen, die wir zu Beginn des Kurses studierten, waren seine Inspiration. Er liebte auch Wagners Musik, obwohl sie sich **stritten**, als Nietzsche ihn **beschuldigte**, zu christlich zu sein.

Elisa: Zu christlich? Ich dachte, Wagner interessiere sich für deutsche Mythen und Legenden. Nietzsche scheint jemand zu sein, mit dem es nicht leicht war, **auszukommen**.

Erik: Wahrscheinlich hast du recht, aber wir könnten dasselbe über Wagner sagen. Trotz allem hatte Nietzsche mehrere tiefe und dauerhafte Freundschaften und er liebte es, Klavier zu spielen. Es war nicht alles schlecht.

Ina: Hast du einen neuen Lieblingsphilosophen, Erik? Mehr Tattoos?

Erik: Noch nicht …

Vokabular

beeinflusst (beeinflussen) to influence
wiederum on the other hand
lehnte ab (ablehnen) to reject
(das) Leiden the suffering
überwunden (überwinden) to overcome
wert ist (wert sein) to be worth
vermischt mixed
(der) Endpunkt the endpoint
(der) Ruf the reputation
ablehnen to reject
(die) Ewigkeit the eternity
wertschätzen to appreciate
ausschließlich exclusively
(die) Umkehrung the conversion
(die) Erben the heirs
zweifelhaft doubtful
annahm (annehmen) to accept
vorausgeht (vorausgehen) to preceed
besteigen to climb
(das) Blasen von Seifenblasen the blowing of bubbles
bewertet (bewerten) to evaluate
(die) Raserei the rage, the frenzy

(der) Besitzer the owner
ausgepeitscht (auspeitschen) to whip
umarmen to hug
andauerte (andauern) to last
(die) Zwecke the purposes
entstellte (entstellen) to distort
veröffentlicht (veröffentlichen) to publish
ganz zu schweigen von not to mention
entstanden (entstehen) to arise, to emerge
bedeuteten (bedeuten) to mean
(die) Werte the values
schaffen to create
geeignet suitable
(die) Gleichberechtigung the equality
(der) Zeitvertreib the pastime
(die) akademische Laufbahn the academic career
beschuldigte (beschuldigen) to accuse
auszukommen (auskommen) to get along
(der) Anhänger the supporter
verunreinigt contaminated

KAPITEL DREIZEHN: DAS 20. JAHRHUNDERT: RUSSELL, MOORE UND WITTGENSTEIN, DIE DREI WEISEN VON CAMBRIDGE

*Professor Aymard erklärt, wie sich die Philosophie im 20. Jahrhundert entwickelt hat. Ina, Erik und Elisa sitzen nach der Vorlesung auf der Wiese vor der Philosophischen Fakultät. Es ist ein altes Gebäude mit einem schönen Garten, in dem sich die Studenten oft **versammeln**, wenn die Sonne scheint.*

Professor Aymard: Wenn das Zentrum der Philosophie das antike Griechenland war, war Cambridge zu Beginn des 20. Jahrhunderts ihr Herz. Hier in Paris ist man natürlich anderer Meinung. In der Philosophie gab es im 20. Jahrhundert zwei Perspektiven: die analytische und die kontinentale. Ich persönlich finde sie nicht so wichtig. Heute wird sie kaum mehr **beachtet,** aber in unserer Reise durch die Geschichte der Philosophie können wir diese Trennung deutlich erkennen. In dieser Vorlesung werden wir uns mit der kontinentalen Philosophie **befassen** und schließlich auch auf Sartre im Café de Flore in Paris zu sprechen kommen. Stellen Sie sich jetzt aber vor, an der Universität von Cambridge in England zu sein ...

Die Vorlesung geht weiter und Professor Aymard spricht über Russell, Moore und Wittgenstein. Er fasst sie zusammen und beantwortet Fragen.

Elisa: Professor Aymard, was ist der Unterschied zwischen analytischer und kontinentaler Philosophie?

Professor Aymard: Das ist eine gute Frage, aber ich werde sie beim nächsten Mal ausführlich beantworten. Jetzt müssen Sie nur wissen, dass sich die analytische Philosophie mit logischen Argumenten und der Struktur der Sprache befasst. Alle Cambridge-Philosophen, über die wir heute gesprochen haben, sind analytische Philosophen. Die Kontinental-Philosophie hat einen ganz anderen Stil.

Erik: Es sind also andere **Ansätze** zur Philosophie?

Professor Aymard: Absolut. Ludwig Wittgensteins wichtigstes Werk, *Tractatus logico-philosophicus*, ist in einem **prägnanten** und logischen Stil geschrieben. Wenn Sie es mit Jean-Paul Sartres Roman *Der Ekel* **vergleichen**, werden Sie sehen, dass sie völlig unterschiedliche Dinge taten. Aber beide sind Beispiele der Philosophie.

Erik: Und Philosophie muss nicht aufgeschrieben sein, oder? Wir philosophieren in diesem Moment nur mit Gedanken und Worten.

Professor Aymard: Genau. Das wären die drei Philosophen aus Cambridge. Sie repräsentieren die analytische Tradition der Philosophie. Das Werk von Wittgenstein wird noch heute **umfassend** studiert.

Als Professor Aymard mit seiner Vorlesung fertig ist, gehen Ina, Erik und Elisa in den Garten.

Elisa: Bertrand Russell hatte eine großartige Definition für Philosophie. Er nannte es das „**Niemandsland** zwischen Wissenschaft und Theologie".

Erik: Das ergibt Sinn. Die Griechen behandelten die Philosophie als Wissenschaft. Im Mittelalter verwendete sie die Theologie. Nach der Aufklärung wurde die Philosophie zu einer **merkwürdigen** Mischung aus beidem. Ich denke, seine Definition gilt noch heute. Russell interessierte sich nicht nur für Fragen der Mathematik, sondern schrieb Bücher zu allen möglichen Aspekten der Philosophie. Er **widersetzte** sich **Atomwaffen** und war eine wichtige Persönlichkeit in der Geschichte der westlichen Philosophie.

Ina: Das Buch brauchen wir! Wittgenstein behauptete, er habe alle Probleme der Philosophie gelöst.[2]

Erik: Endlich gab es jemanden, der wirklich alle Antworten hatte! Aber warum hat er das gesagt? Wenn ich etwas über Philosophie gelernt habe, dann dass es gefährlich ist, solche absolutistischen Behauptungen aufzustellen. Es gibt immer jemanden, der gegen dich argumentieren wird.

Ina: Er hat seine Meinung geändert. In seinem Werk *Tractatus logico-philosophicus* argumentierte er, dass alles, was gedacht werden kann, auch gesagt werden kann. Aber es hat keinen Sinn, über Dinge zu sprechen, an die wir nicht denken können (wie Gott, Schönheit oder Güte). Er sagte: „Es ist besser, über Dinge zu schweigen, über die wir nicht reden können."

Elisa: Das klingt aber dramatisch!

---

[2] Dieses Argument wird im Vorwort zu *Tractatus logico-philosophicus* weiter erläutert, wo Wittgenstein schreibt: „Die Wahrheit der hier mitgeteilten Gedanken scheint mir **unanfechtbar** und **endgültig**. Daher denke ich, dass ich in allen wesentlichen Punkten die endgültige Lösung dieser Probleme gefunden habe. Und wenn ich mich nicht irre, dann ist das zweite **Verdienst** dieses Werks, dass es zeigt, wie wenig **erreicht** wird, wenn diese Probleme gelöst sind."

Ina: Einige verstehen dies als das Ende der Philosophie, andere als traurige **Erkenntnis**, dass das Diskutieren über die wirklich wichtigen Dinge zu Ende ist. Ich bin mir nicht sicher, ob Wittgenstein mit seinem Fazit zufrieden war. Warum sollte er auch? Ist es nicht gut, über Schönheit, Wahrheit und Gott zu sprechen? Ich nehme an, deshalb kehrte er einige Jahre später nach Cambridge zurück, um seine Arbeit wieder aufzunehmen. Er erkannte, dass er im *Tractatus logico-philosophicus* zu dogmatisch gewesen ist. Er schrieb ein Buch, das heute als *Philosophische Untersuchungen* veröffentlicht wird, obwohl Wittgenstein es selbst nie veröffentlicht hat. In diesem Werk geht er anders vor. Er wollte eine perfekte Sprache schaffen, die alles mit absoluter Präzision beschreibt.

Erik: Hat er es geschafft?

Ina: Er verstand, dass Sprache ein Spiel ist. So wie Schach oder Fußball. Es gibt bestimmte Spielregeln, die wir als Kinder lernen. Wir alle kennen die Regeln und halten uns daran. Sonst würde die Sprache nicht funktionieren. Stellen Sie sich vor, dass für mich eine Tomate eigentlich ein Baum ist und dass ich mich jedes Mal, wenn ich das Wort „Tomate" sage, auf Bäume beziehe. Wir könnten uns nie über Tomaten oder Bäume unterhalten. Wir verstehen beide, was die andere Person sagt, nicht nur die Worte, sondern die Bedeutung der Worte. Wir könnten keine anderen Sprachen lernen, wenn es anders wäre.

Elisa: Du hast heute wirklich aufgepasst, Ina. Warum magst du Wittgenstein so sehr?

Ina: Er ist eine interessante Persönlichkeit. Seine Familie war eine der wohlhabendsten Industriellenfamilien Wiens, aber Wittgenstein verschenkte den größten Teil seines Erbes. Einer seiner Brüder war ein berühmter Pianist, aber er hatte nur einen Arm und schrieb mehrere Klavierkonzerte mit einer Hand. Seine Schwester wurde von Gustav Klimt gemalt. Wittgenstein selbst überlegte, Mönch zu werden, arbeitete zeitweise als Gärtner in einem Kloster und als Lehrer. Zur Philosophie kam er über das Studium der Mathematik.

Elisa: Mathematik? Was hat das mit Philosophie zu tun?

Ina: Eine Menge, wie es scheint. Er studierte Luftfahrt an der University of Manchester und wollte seine eigene Flugmaschine konstruieren, interessierte sich aber mehr für Mathematik. Er wollte die **Zahlen** verstehen. Woher kommt der Zahlenbegriff? Sind Zahlen wie platonische Formen? Was ist die Grundlage der Mathematik? All dies waren philosophische Fragen, die Wittgenstein zu beantworten versuchte.

Erik: Mochte er nicht auch Westernfilme?

Ina: Ja, er ging oft ins Kino. Sie waren seine Art, sich zu entspannen!

Erik: Ich frage mich, warum es in Cambridge so viele berühmte Philosophen gab.

Elisa: Cambridge ist eine der großen Universitäten der Welt und Philosophie wird dort seit Hunderten von Jahren studiert. Wittgenstein ist vielleicht der berühmteste Philosoph, der dort studiert hat. Sein **Vermächtnis** lebt weiter und seine Arbeit bleibt für Philosophen bis heute relevant.

Erik: Kam er zu dem Fazit, dass er wirklich alle Probleme der Philosophie gelöst hatte?

Elisa: Seine letzten Werke wurden in einem Buch mit dem Titel Über *Gewissheit* veröffentlicht. Darin stellt er G. E. Moores Artikel mit dem Titel „*A Proof of the Outside World*" infrage. Moore wollte zeigen, dass es eine Welt außerhalb unserer Sinne gibt. Es war eine Antwort auf die Position der Skepsis, die im Extremfall **leugnet**, dass wir von irgendetwas wissen können. Moore hob seine Hand und sagte: „Hier ist eine Hand". Es schien offensichtlich, aber Wittgenstein stellte die Annahme infrage. Wittgenstein argumentiert, dass die Ideen, die wir für wahr halten, innerhalb eines Rahmens wahrer Ideen existieren. Er hat immer erlebt, dass er eine Hand hatte. Die Hand war schon immer da und so weiter. Er akzeptiert es, selbst wenn die Sache für sich genommen so wahr ist, wie Moore es gerne hätte.

Erik: Ihr habt beide gut aufgepasst!

Ina: Die erste Hälfte des 20. Jahrhunderts war ein wichtiger **Wendepunkt** in der Philosophie. Russell, Moore und Wittgenstein standen an der Spitze der logischen Analyse. Sie wollten philosophische Probleme **klären** und sie auf Logik gründen, nicht auf metaphysische **Behauptungen**.

Erik: Ein richtiger Wendepunkt also?

Ina: In gewisser Weise ja. Es war sicherlich eine Entwicklung. Eine als Wiener Kreis bekannte Gruppe von Denkern sagte, dass philosophische Probleme nur relevant seien, wenn sie durch logische Analyse gelöst werden könnten. Dies wurde logischer Positivismus genannt. Russell und Wittgenstein waren logische Atomisten.

Erik: Was heißt das?

Ina: Das bedeutet, dass sie **einen Schritt weiter** gingen und die **Bestandteile** der Sätze analysierten, um zu sehen, ob sie Sinn machten.

Erik: Kannst du mir ein Beispiel geben?

Elisa: Klar. Beantworte mir diese Frage: Hat der **derzeitige** König von Frankreich eine **Glatze**?

Erik: Es gibt seit der Französischen Revolution keinen König von Frankreich mehr. Hast du in Geschichte nicht aufgepasst?

Elisa: Doch. Aber das ist die Frage. „Der jetzige König von Frankreich hat eine Glatze" klingt wie ein richtiger Satz. Er ergibt Sinn. Wir wissen, was es bedeutet, ein König zu sein. Wir wissen, dass Frankreich ein Land ist. Wir wissen, wie ein Mann mit Glatze aussieht. Aber wenn man all diese Dinge kombiniert, ist der Satz sinnlos. Er **entspricht** nicht der Realität. Der logische Atomismus untersucht die **Zusammensetzung** der einzelnen **Satzteile**, um festzustellen, ob sie wahr sind oder nicht. In Frankreich gibt es keinen König, also kann er keine Glatze haben. Der Satz ist sinnlos, obwohl seine Einzelteile Sinn ergeben.

Erik: Also ist es ein Paradoxon, das nicht gelöst werden kann?

Elisa: Man nennt es „Russells Paradoxon". Er versuchte es zu lösen, indem er sagte, dass dem Satz eine Referenz in der Welt fehlt. Mit anderen Worten: Es gibt keine Könige von Frankreich, also spielt es keine Rolle, wie wir über sie sprechen. Wir beziehen uns auf nichts Bestimmtes.

Erik: Und so funktioniert Philosophie? Die Diskussionen in der Philosophie sind also auch **bedeutungslos**.

Ina: Genau. Sagt man „Das ist schön" mag das bedeutungsvoll klingen, aber entspricht es wirklich etwas auf der Welt? Dies waren einige der Probleme, mit denen Russell, Moore und Wittgenstein konfrontiert waren. Wie entspricht die Art und Weise, wie die Welt funktioniert, der Art und Weise, wie wir darüber sprechen?

Elisa: Es war eine wichtige Entwicklung in der Philosophie.

Erik: Und das ist heute noch relevant?

Ina: Die Frage, wie wir Sprache verwenden, ist heute noch genauso wichtig wie damals. Vielleicht sogar noch mehr. Denkt an die aktuellen Debatten rund um Fake News und Social Media. Jeder kann seine Argumente **vortragen**, aber wer **prüft** diese Argumente auf Fakten und Wahrheit?

Elisa: Wir werden Sprache immer verwenden, um zu kommunizieren. Ohne die Sprache zu verstehen, werden wir uns nicht verstehen können.

Erik: Aber es ist ein Spiel, in dem wir **feststecken**. Wir können nicht anders, als mitzuspielen.

Ina: Genau. Aber das Wichtigste ist, gut zu spielen. Dafür brauchen wir Philosophie. Sie hilft uns, die Sprache zu verwenden, um unsere Gedanken zu klären. Wir stimmen nicht zu, dass die Philosophie am Ende ist. Professor Aymard sieht es sicher auch so! Die Sprache hilft uns zu entscheiden, was ein philosophisches Problem ist und was nicht.

Erik: Darüber muss ich noch ein bisschen nachdenken!

Kernaussagen:

- *Russell, Moore und Wittgenstein repräsentieren die Entwicklung der analytischen Philosophie im 20. Jahrhundert. Sie interessierten sich für die Strukturen der Sprache und die logische Form von Argumenten. Wittgenstein glaubte, alle Probleme der Philosophie gelöst zu haben und verließ Cambridge. Er kehrte 1929 zurück, um seine Arbeit fortzusetzen. Er veröffentlichte nie wieder Werke, aber seine Studenten machten umfangreiche Notizen aus seinen Vorlesungen und er hinterließ ein Werk, das noch heute in philosophischen Kreisen Anklang findet.*

Vokabular

versammeln to gather
beachtet (beachten) to note, to pay attention
befassen to deal with
(die) Ansätze the approaches
prägnanten concise, succinct
vergleichen to compare
umfassend comprehensive, extensive
(das) Niemandsland the no-man's-land
merkwürdigen unusual, odd
widersetzte (widersetzen) to oppose
(die) Atomwaffen the nuclear weapons
unanfechtbar uncontestable
endgültig final
(das) Verdienst the merit
erreicht (erreichen) to achieve
(die) Erkenntnis the realization
eine Menge a lot
(die) Zahlen the numbers
(das) Vermächtnis the legacy
(die) Gewissheit the certainty
leugnet (leugnen) to deny
(der) Wendepunkt the turning point
klären to clarify, to clear up
(die) Behauptungen the claims

einen Schritt weiter one step further
(die) Bestandteile the components
derzeitig current
(die) Glatze the bald head
entspricht (entsprechen) to correspond
(die) Zusammensetzung the composition
(die) Satzteile the parts of a sentence
bedeutungslos meaningless
vortragen to recite, to present
prüft (prüfen) to check, to examine
feststecken to be stuck

KAPITEL VIERZEHN: SARTRE UND DER FRANZÖSISCHE EXISTENTIALISMUS: DIE KONTINENTALE METHODE

Ina, Erik und Elisa besuchen eine Vorlesung zum Thema kontinentale Philosophie. Später sind sie überrascht, als Professor Aymard im Café de Flore auftaucht. Ihre nächste Vorlesung ist schon am Nachmittag, aber Professor Aymard scheint besorgt. Sie gehen deswegen den Stoff durch. Schon bald erfahren sie etwas Schockierendes über Robert.

Professor Aymard: Ich möchte unsere Vorlesung über Sartre und den französischen Existentialismus beenden, indem ich ein wenig über die **sogenannte Kluft** zwischen „analytischer" und „kontinentaler" Philosophie spreche. Wir haben verschiedene Epochen der Philosophiegeschichte studiert: die alten Griechen, die Scholastik, die Neuzeit etc. Im 20. Jahrhundert wird deutlich, dass es zwei Arten von Philosophie gibt: die analytische und die kontinentale. In der vorherigen Vorlesung haben wir uns Philosophen wie Russell und Wittgenstein angesehen. Diese Denker werden als analytische Philosophen klassifiziert. Sie befassen sich mit der Bedeutung von Behauptungen und der Art und Weise, wie die Wahrheit **überprüft** werden kann. Sie **verlassen sich auf** logische Prozesse, um zu ihren **Schlussfolgerungen** zu gelangen. Sie schreiben so, dass ihre Argumente genau **nachvollzogen** werden können.

Erik: Ist das nicht die beste Art der Philosophie?

Professor Aymard: Es ist zumindest eine Art, Philosophie zu **betreiben**. Sie wird von vielen Philosophen, die wir studiert haben, **angewandt**. Die analytische Philosophie wurde erst im 20. Jahrhundert als solche definiert. Zuvor könnten wir auch Philosophen wie Leibniz oder Hume als „analytische" Philosophen betrachten. Diese stehen im Gegensatz zur „kontinentalen" Philosophie, die wir uns heute ansehen. Es überrascht nicht, dass sie auf dem europäischen Kontinent entstand, wo Philosophen wie Jean-Paul Sartre eine bestimmte Denkweise über Philosophie **vertraten**, die sich auf das Selbst und unseren Platz in der Welt konzentrierte, anstatt die Welt aus einer anderen Perspektive zu untersuchen.

Ina: Welche Art der Philosophie bevorzugen Sie, Professor Aymard?

Professor Aymard: Ich bevorzuge weder die eine noch die andere Art. In den letzten Jahren ist die Kluft zwischen analytischer und kontinentaler Philosophie immer mehr **verschwommen**. Philosophen sind mehr daran interessiert, der Sache **auf den Grund zu gehen**, als über die Methode zu streiten. Die **Anliegen** der Philosophie sind sowohl für analytische als auch für kontinentale Denker relevant. Ich bin ein einfacher Philosoph und finde **Weisheit** in allen philosophischen Traditionen!

Ina, Erik und Elisa verlassen den Vorlesungssaal und gehen ins Café de Flore. Nachdem sie ihre Getränke bezahlt haben, sind sie überrascht, dass Professor Aymard hinter ihnen wartet. Er scheint sich sehr gut mit Robert zu verstehen!

Robert: Hallo Professor Aymard! Ich freue mich, Sie zu sehen.

Professor Aymard: Oh, Robert, wie geht's? Wie läuft deine **Forschungsarbeit**?

Robert: Ich komme gut voran, danke. Ich habe gerade ein weiteres Kapitel fertig geschrieben. Ich schicke es Ihnen nächste Woche zu.

Erik: Ein weiteres Kapitel? Forschungsarbeit? Wovon redest du, Robert?

Professor Aymard: Robert ist einer unserer **vielversprechendsten Doktoranden**. Hat er Ihnen nicht gesagt, dass er eine Dissertation über Sartre schreibt?

*Ina, Erik und Elisa sehen sich **verwundert** an. In all der Zeit, in der sie ins Café kommen, hat Robert nie **verraten**, warum er so viel über Philosophie weiß.*

Ina: Du hast uns nie davon erzählt, Robert!

Robert: Ihr habt mich nie gefragt. Ich arbeite hier tagsüber und studiere nachts. Ich habe wie ihr vor 5 Jahren angefangen, Philosophie zu studieren. Die Philosophie war für mich so interessant, dass ich weiterstudierte. Professor Aymard ist einer meiner Professoren.

Professor Aymard: Deshalb wird Robert heute eine Vorlesung leiten. Immerhin sind wir in dem Café, in dem einst Sartre gesessen hat. Robert, es war mir eine Freude, dich zu sehen.

Professor Aymard sitzt an einem Tisch in der Nähe.

Elisa: Schade, dass du es uns nicht früher gesagt hast, Robert. Du hast bestimmt gedacht, dass wir sehr dumm sind!

Robert: Ganz und gar nicht. Die Philosophie ist nicht einfach. Es braucht Zeit, um zu lernen und richtig zu denken. Ihr drei habt großartige Arbeit geleistet, obwohl ich das Tattoo immer noch eine schlechte Idee finde.

Erik: Das glaube ich so langsam auch.

Ina: Du musst viel über Sartre wissen, Robert.

Robert: So einiges, ja, aber es gibt immer etwas Neues zu lernen! Professor Aymard wird euch von der Teilung der Philosophie im 20. Jahrhundert zwischen den sogenannten analytischen und kontinentalen Philosophen erzählt haben. Sartre und viele andere Pariser Philosophen standen fest auf der Seite der kontinentalen Philosophie, auch wenn der Begriff heute nicht mehr verwendet wird.

Erik: Warum wird er heute nicht mehr verwendet?

Robert: Viele Philosophen erkannten, dass viele der Themen sehr ähnlich waren. Der Ansatz mag anders erscheinen, aber das Ziel ist das gleiche. Alle Philosophen **streben** danach, die Welt und sich selbst ein wenig besser zu verstehen. Dabei spielt es keine Rolle, ob sie dies mit logischen Argumenten und einer **straffen** Struktur tun oder ob sie ein Theaterstück oder einen **Roman** schreiben. Wenn Philosophie die Liebe zur Weisheit ist, spielt es keine Rolle, wie diese Weisheit entsteht.

Elisa: Sartre war ein Existentialist, oder?

Robert: Richtig. Die Philosophie hatte für Sartre mit Freiheit zu tun. Er sagte, dass „Existenz dem **Wesen vorausgeht**". Wir sind Wesen in der Welt. Zuerst existieren wir und dann finden wir heraus, was die Welt bedeutet. Viele Menschen leben ein „unauthentisches Leben", wie Sartre es nannte. Sie definieren sich **eher** über das, was sie tun, als über das, was sie sind. Ich kann sagen, ich bin Kellner, aber das sagt nichts darüber aus, wer ich wirklich bin. Ihr wart heute alle überrascht, als ihr erfahren habt, dass ich Philosophie studiere. Eure **Einstellung** mir gegenüber änderte sich. Sartre würde sagen, dass ihr etwas über mein authentisches Selbst entdeckt habt, etwas, das ihr vorher nicht wusstet. Aber im Grunde bin ich immer noch derselbe Mensch. Egal ob Busfahrer oder Neurochirurg: Meine Existenz geht meiner Essenz voraus.

Erik: Also sind wir nach Sartres Meinung alle gleich.

Robert: Er sympathisierte mit dem Marxismus. Er hat an **Gleichheit** geglaubt, ja. Aber was wir sind, ist nicht **vorherbestimmt**. Es gibt keinen Gott oder äußeren Willen, der uns **vorantreibt**. Wir sollten uns nicht über Dinge wie unseren Job oder Kontostand definieren. Anstatt zu fragen, was die Leute beruflich machen, wäre es besser, sie zu fragen, was für Menschen sie sind. Wer bist du? Das ist Sartres **Ausgangspunkt**. Obwohl es **beängstigend** sein kann. Viele Menschen leben gerne innerhalb der Grenzen der Regeln unserer Gesellschaft. In den letzten fünfzig Jahren hat sich die Art und Weise, wie Menschen sich selbst definieren und wie sie sein wollen, grundlegend verändert. Sartre sagte, wir seien „zur Freiheit **verdammt**".

Ina: Das klingt nicht gut. Was meint er damit?

Robert: Denk mal nach. Früher glaubten viele Menschen, dass ihr Leben von Gott oder von oben regiert wurde. Sartre sagt, dass die Art und Weise, wie wir in der Welt sind, nicht vorherbestimmt ist. Für manche mag das beängstigend erscheinen, aber für Sartre war es eine Chance, ein völlig authentisches Leben zu führen. Freiheit ist eine Tatsache, der wir uns nicht entziehen können, egal wie sehr wir uns bemühen. Wir sind Künstler unseres eigenen **Schicksals**.

Erik: Das ist eine sehr poetische Art der Philosophie. Das klingt gut.

Robert: Sartre war umgeben von Künstlern, Schriftstellern, Dichtern und Philosophen. Er erlebte eine aufregende Zeit in der Entwicklung der französischen Philosophie und Kultur und machte zwei Weltkriege mit, deren Auswirkungen einen **erheblichen Einfluss** auf seine Philosophie hatten. Sein Argument war, dass wir unser eigenes Schicksal frei von **Verbundenheiten** und an unauthentischen Göttern schaffen können. Der Existenzialismus befasst sich mit der Art und Weise, wie wir uns auf die Welt um uns herum beziehen. Denkt an andere philosophische Ideen, die ihr studiert habt. Viele beginnen damit, dass eine Person die Welt oder sich selbst betrachtet und zu Schlussfolgerungen kommt. Existenzialismus ist anders. Wir sind Wesen, die in die Welt involviert sind. Wir finden uns als Teil davon wieder, nicht getrennt davon. Ich bin ein Teil der Welt wie ein Fluss oder ein Baum. Ich existiere darin und gehe meinen eigenen Weg, weil ich existiere. Das ist aufregend!

Erik: Unser Leben ist also das, was wir daraus machen?

Robert: Solange wir authentisch leben, ja. Der vielleicht bemerkenswerteste Unterschied zwischen Sartres Perspektive und beispielsweise Wittgenstein ist die

Art und Weise, wie er seine Ideen kommunizierte. Wittgenstein war ein analytischer Philosoph, den ihr schon kennengelernt habt. Er schrieb in einer logischen Weise, in der er eine Idee nach der anderen ordnete. Sartre glaubte, dass philosophische Ideen durch Romane und Theaterstücke kommuniziert werden können. Sein berühmtester Roman heißt *Der Ekel* und erzählt die Geschichte eines Mannes, der die Auswirkungen der radikalen Freiheit erkennt, die Sartre befürwortet. Er schrieb auch ein Theaterstück mit dem Titel *„Geschlossene Gesellschaft"*, das den berühmten Satz *„Die Hölle, das sind die anderen"* enthält.

Erik: So fühle ich mich in der U-Bahn. Vielleicht ist er ihm dort eingefallen.

Ina: Aber die kontinentale Philosophie ist nicht in Paris entstanden, oder? Professor Aymard sprach mit uns auch über Phänomenologie. Weißt du etwas darüber?

Robert: Und ob! Meine Forschung konzentriert sich auf die **Verbindung** zwischen Existentialismus und Phänomenologie. Die Phänomenologie begann mit der Psychologie. Im 19. Jahrhundert interessierten sich viele dafür, wie der Geist funktioniert und wie **Störungen des Geistes** den Menschen beeinflussen. Die Idee der psychischen Gesundheit und die **Behandlung** des Geistes als Organ (wie das Herz oder die Lunge) war relativ neu. Viele glaubten an die Trennung von Geist und Körper. Ein Psychologe namens Franz Brentano interessierte sich dafür, wie unsere Denkprozesse funktionieren. Einer seiner Studenten (ein Philosoph namens Edmund Husserl) argumentierte, dass wir einzig unser eigenes Gewissen (unsere Denkprozesse) als Wissen sicher haben.

Erik: Ich denke, also bin ich!

Robert: Husserl argumentierte, dass Descartes in die richtige Richtung ging, als er über die Notwendigkeit sprach, unser eigenes **Bewusstsein** zu untersuchen, um wahres Wissen zu erlangen: „Ich denke, also bin ich." Aber er ging noch weiter, indem er sich fragte, was Bewusstsein wirklich ist. Die Phänomenologie ist eine Beschreibung der Inhalte unseres Bewusstseins.

Ina: Es geht also darum, über unsere Gedanken nachzudenken? Unsere Gedanken sind die Phänomene und wir denken über diese Gedanken nach.

Robert: So kann man es auch sehen.

Elisa: Aber was ist mit diesen Gedanken? Wir müssen auch über die Gedanken nachdenken, die über die Gedanken nachdenken, die über die Gedanken nachdenken, und … ach was! Das wird sehr verwirrend.

Robert: Das ist ein Problem, mit dem sich Husserl konfrontiert sah. Über das Denken nachzudenken führt nur zur Gewissheit über sich selbst und dazu, weiter über sich selbst nachzudenken. Während Descartes feststellte, dass es gewisse Dinge gibt, derer wir uns sicher sein können, führte Husserls Reduktionismus nur zum Selbst (und was damit gemeint ist, ist **ebenfalls** unklar).

Erik: Was ist Reduktionismus?

Robert: Dabei geht es darum, das zu reduzieren, dessen wir uns sicher sind. Stelle dir kochendes Wasser in einem **Topf** vor. Wenn es weiter kocht, wird es **verdampfen**. Oder denke an ein Stück Kuchen. Wir teilen es immer weiter auf, bis es keinen Sinn mehr macht. Irgendwann sind es nur noch **Krümel**. Husserl stieß auf das Problem, wie weit wir das reduzieren, dessen wir uns sicher sind. Wenn das Nachdenken über unsere Gedanken die einzige Gewissheit ist, werden wir nicht sehr weit kommen.

Erik: Aber die Phänomenologie muss doch als Methode brauchbar sein, oder? Über unsere Gedanken nachzudenken bedeutet, ihnen genau Aufmerksamkeit zu schenken.

Robert: Sie hilft uns, unsere grundlegende Denkweise zu studieren. Sie ist auch eng mit dem Existentialismus verbunden.

Ina: Wie denn?

Robert: Erinnert ihr euch an Sartres **Schlagwort**? „Existenz geht Essenz voraus." So wie die Phänomenologie unsere Gedanken aus der Perspektive unseres eigenen Bewusstseins untersucht, untersucht der Existentialismus unser Sein (unser Wesen) aus der Perspektive der Existenz. Es gibt nichts Äußeres, auf das wir uns verlassen können, um uns zu definieren oder zu dem zu machen, was wir sind. Die Phänomenologie ist der Prozess, unsere Gedanken von einem innerlich objektiven Standpunkt aus zu untersuchen. Der Existentialismus nutzt diese Perspektive, um zu verstehen, wer wir sind und was wir **vorgeben** zu sein.

Ina: Wir brauchen ein Beispiel, Robert. Das alles macht mich schwindelig!

Robert: Also gut. Lasst uns ein Gedankenexperiment machen. An was denkst du gerade?

Elisa: Wie schwierig das alles ist.

Erik: Und an ein weiteres Stück Kuchen.

Robert: OK, du möchtest mehr Kuchen. Aber was wäre, wenn du einen Schritt zurückgehst und objektiv darüber nachdenkst? Kuchen ist lecker. Wir genießen Kuchen. Kuchen macht dick und ist ungesund. Kuchen zu essen bedeutet, Freude und **Schuldgefühle** zu erfahren. Die Freude haben wir beim Essen, die Schuld erst danach. Das wäre ein Beispiel für eine einfache phänomenologische Analyse. Nehmen wir an, ich arbeite als Busfahrer. Wenn mich jemand fragt, was ich mache, sage ich sofort, dass ich Busfahrer bin. Aber ich spiele auch Klavier wie ein Profi, kann das beste Soufflé in Paris machen und bin mit der schönsten Frau der Welt verheiratet. Ich bin freundlich, rücksichtsvoll, sanft und habe einen großartigen Sinn für Humor. Aber ich habe mich auf eine Weise definiert. Und so werde ich beurteilt. Ich bin nicht authentisch gewesen, weil ich keine objektive Position bezogen habe, um mich selbst zu definieren.

Elisa: Das macht Sinn. Aber denken die Menschen wirklich so?

Robert: Nein, aber vielleicht sollten sie so denken.

Erik: Ist es also eine Form des Rationalismus?

Robert: Ihr habt gelernt, dass ein Großteil der Philosophie miteinander verbunden ist. Eine Idee baut auf der anderen auf. Wir hören oft Kritik von antiken Philosophen, aber ihr Denken ist sehr wichtig für die Ideen von heute. Leibniz hat gute Arbeit geleistet und Husserl hatte Ideen zur Phänomenologie (vielleicht

dank Descartes, der rationalistisches Denken studierte).
Das passiert in jeder Disziplin. Unser Wissen über
Physik baut auf Newton auf, der unter dem Apfelbaum
saß. Wir brauchen Ideen aus der Vergangenheit, um
heute Ideen zu formen. Das tun Philosophen.

Ina: Bis auf Nietzsche …

Robert: Richtig. Nietzsche ging seinen eigenen Weg.
Er lehnte alle Aspekte der Geschichte der westlichen
Philosophie ab. Aber das ist eine andere Geschichte!
Obwohl ich denke, dass er mit dem Existentialismus
sympathisiert hätte, und er sympathisierte sicherlich mit
den frühen griechischen Philosophen: Er schrieb ein
Lehrbuch über sie und **bewunderte** Thales.

Elisa: Philosophen reden immer wieder von
Existentialismus und Phänomenologie. Was ist mit der
kontinentalen Philosophie passiert?

Robert: Meine Forschung würde ohne diese Frage keinen
Sinn machen! Andere philosophische Bewegungen
entstanden aus der kontinentalen Tradition. Der
Strukturalismus argumentierte, dass Elemente der
Kultur und unseres Lebens um Systeme herum
strukturiert sind, die uns zusammenhalten.

Erik: Das klingt nicht sehr existenziell. Schließt es nicht
die Möglichkeit aus, unsere eigene Essenz aus unserer
eigenen Existenz zu schaffen?

Robert: Genau, es ist antiexistentialistisch. Der Denker
Claude Levi-Strauss suchte in verschiedenen Kulturen
nach ähnlichen Strukturen. Er war Anthropologe
und wandte sein Denken auf Kultur und Gesellschaft
als Ganzes an. Der Strukturalismus untersucht die

Symbole, die die Welt strukturieren. Alles ist auf der Ebene eines Systems festgelegt, in dem wir alle arbeiten. Wir erschaffen uns nicht unsere eigene Realität, sondern werden in die bereits bestehende Realität hineingeworfen.

Erik: Wir brauchen mehr Beispiele, Robert.

Robert: Denkt mal darüber nach, wie wir ein Objekt beschreiben. Nehmen wir einen Apfel. Du hast einen in der Tasche, Erik. Wir können Wörter wie grün, knackig, süß oder rund verwenden, um den Apfel zu beschreiben. Wir beschreiben den Apfel, aber wir haben das Gefühl, dass wir ihn kaum anders beschreiben können. Wir können ihn nicht quadratisch, salzig, lila und weich nennen. Das würde etwas ganz anderes beschreiben. Die Dinge in der Welt sind auf bestimmte Weise strukturiert. Es steht uns nicht frei, sie zu ändern, selbst wenn wir glauben, unsere eigene Existenz innerhalb dieser Strukturen definieren zu können. Sartre konzentrierte sich auf das Individuum, das in die Welt geworfen wird, aber der Strukturalismus vertritt die Ansicht, dass das Individuum in eine Welt geworfen wird, die sich nicht **notwendigerweise** ändern kann.

Ina: Mir gefällt diese Idee nicht.

Robert: Dann geht es dir wie vielen Philosophen. Jacques Derrida ging in die entgegengesetzte Richtung. Er war Dekonstruktivist. Er argumentierte, dass diese **scheinbaren** Strukturen nicht so solide seien, wie ihre **Befürworter** dachten. Er wollte zeigen, dass die Behauptungen der Strukturalisten nur metaphysische Konstrukte waren und dass das Einzige, dessen wir uns wirklich sicher sein konnten, das Selbst war.

Erik: Er lehnte also metaphysische Ideen wie Raum und Zeit ab?

Robert: Im Wesentlichen ja. Die Strukturalisten würden argumentieren, dass solche Konzepte die Welt strukturieren, in der wir uns befinden. Aber sind wir uns ihrer wirklich sicher?

Elisa: Jetzt sind wir wieder bei der Phänomenologie, nicht wahr?

Robert: Sieht ganz so aus! Es geht darum, die Welt zu verstehen. Das haben Philosophen immer versucht!

Erik öffnet ein Buch über Sartre.

Erik: Interessant! Wusstet ihr, dass Sartres vollständiger Name Jean-Paul Charles Aymard Sartre war? Was, wenn …?

Ina: Professor Aymard mit ihm verwandt ist?

Robert: Das ist ein merkwürdiger Zufall, oder?

Kernaussagen:

- Jean Paul-Sartre war Teil einer Bewegung in der französischen Philosophie, die als Existentialismus bekannt ist. Er **verkörpert** den „kontinentalen" Stil der Philosophie, der im Gegensatz zum angloamerikanischen Stil von Denkern wie Russell und Wittgenstein steht. Die kontinentale Philosophie wird nicht in einem streng „analytischen" und logischen Stil geschrieben oder kommuniziert, sondern oft in Form von Theaterstücken oder Romanen. Sie versuchen, Ideen auf eine Weise zu kommunizieren, die für das tägliche Leben sinnvoll ist. Sartres Roman Der Ekel ist ein typisches Beispiel. Die kontinentale Tradition hat auch Werke hervorgebracht wie Heideggers Sein und Zeit und Sartres Sein und Nichts (große Bände mit viel **Aussagekraft**). Die kontinentale Tradition ist nicht auf ein geografisches Gebiet beschränkt, sondern ein Stil, Philosophie zu betreiben, der sich in den letzten Jahren weniger von dem der analytischen Philosophie unterschieden hat. Andere Ideen der kontinentalen Philosophie waren die Phänomenologie, die von Denkern wie Heidegger populär gemacht wurde, und Bewegungen wie der Strukturalismus, die im Gegensatz zu der von Sartre und anderen vorgebrachten Idee der radikalen Freiheit standen.

Vokabular

sogenannte so-called
(die) Kluft the gap
überprüft (überprüfen) to check
verlassen sich auf (sich verlassen auf) to rely on
(die) Schlussfolgerungen the conclusions
nachvollzogen (nachvollziehen) to comprehend
betreiben to conduct
angewandt (anwenden) to apply
vertraten (vertreten) to maintain
verschwommen blurry
auf den Grund zu gehen (etwas auf den Grund gehen) to get to the bottom of something

(die) Anliegen the concern
(die) Weisheit the wisdom
(die) Forschungsarbeit the research work
vielversprechendste most promising
(der) Doktorand the PhD student
verwundert surprised
verraten to betray, to reveal
streben to strive
straffen to tighten
(der) Roman the novel
(das) Wesen the nature (of something)
vorausgeht (vorausgehen) to preceed
eher rather
(die) Einstellung the attitude
(die) Gleichheit the equality
vorherbestimmt pretedetrmined
vorantreibt (vorantreiben) to drive, to power
(der) Ausgangspunkt the starting point
beängstigend scary
verdammt damned
(das) Schicksal the fate
erheblichen considerable
(der) Einfluss the influence
(die) Verbundenheit the connectedness
(die) Verbindung the connection
(die) Störung des Geistes the disorder of the mind
(die) Behandlung the treatment
(das) Bewusstsein the conscience
ebenfalls also
(der) Topf the saucepan
verdampfen to evaporate
(die) Krümel the crumbs
(das) Schlagwort the keyword
vorgeben to pretend
(die) Schuldgefühle the feelings of guilt
bewunderte (bewundern) to admire
notwendigerweise necessarily
scheinbaren seeming
(der) Befürworter the supporter
verkörpert (verkörpern) to embody
(die) Aussagekraft the meaningfulness

KAPITEL FÜNFZEHN: AKTUELLE TENDENZEN IN DER PHILOSOPHIE: IST EIN ENDE IN SICHT?

Ina, Erik und Elisa besuchen die letzte Vorlesung des Seminars. Professor Aymard fasst alles zusammen, was sie bisher gelernt haben.

Professor Aymard: Wir sind bereits am Ende des Seminars angekommen. Wir begannen im antiken Griechenland und haben uns über das Mittelmeer bis in den Nahen Osten und ins mittelalterliche Europa vorgearbeitet. Wir sahen die Anfänge der modernen Philosophie und ihre Renaissance. Wir erlebten die Härte der germanischen Tradition des 19. Jahrhunderts und die analytische und kontinentale Teilung des 20. Jahrhunderts. Wir haben gesehen, wie Ideen kommen und gehen, wie sich Gedanken entwickeln und verändern und wie alte Traditionen untergraben und neue geschaffen werden. Es war eine sehr aufregende Reise, finden Sie nicht?

Ina: Und was jetzt, Professor Aymard?

Professor Aymard: Ihr müsst verstehen, dass Philosophie nicht nur eine Frage des Lernens ist. Es geht nicht darum, was andere Leute gedacht und gesagt haben. Um Philosophen zu sein, müssen wir Philosophie leben. Wir müssen unsere eigenen Vorstellungen von den Fragen haben, die andere Philosophen gestellt haben, und uns selbst neue Fragen stellen. Der letzte Teil des Seminars befasst sich mit einigen Themen der **zeitgenössischen** Philosophie und untersucht einige aktuelle Debatten. Die Politik, die Medizin, **Umweltbelange**, die Ästhetik, Religion … alles Aspekte, in denen die Philosophie eine Rolle spielt.

Erik: Als wir mit dem Seminar begannen, mochte ich es nicht, keine Antworten zu haben. Jetzt erkenne ich, dass es bei der Philosophie darum geht, über die Fragen nachzudenken.

Professor Aymard: In der Tat. Ich freue mich, dass Sie Ihre Einstellung geändert haben, und zwar zum Besseren. Sie haben recht, es gibt gute und schlechte Möglichkeiten, über diese Art von Fragen nachzudenken. Zuerst sehen wir die Logik. Das Studium der Logik geht auf die alten Griechen zurück. Sie waren die Ersten, die verstehen wollten, wie wir argumentieren. Wir lernten dank ihnen, Argumente zu strukturieren und schlechte Argumente zu erkennen. Dies hilft uns heute, anstehende Probleme zu betrachten.

Elisa: Kann die Philosophie auf reale Situationen angewendet werden?

Professor Aymard: Ja. Einige denken, dass die Philosophie am Ende ist. Wo sind die Kants von heute? Nietzsches? Wittgensteins? Einige sprechen von einer Bewegung in der Philosophie, die als „Anti-Philosophie" bezeichnet wird: der Glaube, dass Philosophie nicht mehr relevant sei und dass Philosophie nur versucht, Dinge zu zerstören, die als selbstverständlich angesehen werden. Sind Sie damit einverstanden?

Ina: Was meinen Sie mit Anti-Philosophie, Professor Aymard? Warum sollte jemand gegen Philosophie sein?

Professor Aymard: Mein lieber Freund und Kollege Professor Alain Badiou[3] ist so jemand. **Anhänger** dieser Ansicht glauben, Denker wie Nietzsche und Wittgenstein seien Anti-Philosophen. Das heißt, sie versuchen nur, die Suche nach Wahrheit zu **zerstören**, die im Herzen der Philosophie steht. Ich habe ein gewisses **Verständnis** für diese Sichtweise. Wittgenstein glaubte, dass er die Probleme der Philosophie gelöst hatte und dass philosophische Probleme, die wirklich existierten, einfach das Äquivalent zum Lösen von **Kreuzworträtseln** waren. Er sagte, wir könnten nicht sinnvoll über Gott oder Wahrheit oder Schönheit sprechen, weil solche Dinge nicht den Tatsachen der Welt entsprechen. Nietzsche wollte die komplette Philosophie demontieren. Er brach mit den **Fundamenten** und der jahrtausendealten Tradition, beginnend mit Platon. Dies sind gefährliche Zeiten für die Philosophie.

Erik: Lohnt es sich noch, Philosophie zu studieren?

Professor Aymard: Was meinen Sie? Sie waren während des Studiums der größte Kritiker der Philosophie. Sollten wir einfach **aufgeben**?

Erik: Natürlich nicht! Ich möchte nicht aufgeben und kann sie nicht vergessen. Vor diesem Seminar hielt ich Philosophie für bedeutungslos. Ich sah keinen Grund, unbeantwortete Fragen zu stellen oder über Dinge jenseits des Alltäglichen nachzudenken. Aber jetzt kann ich mir nicht vorstellen, nicht an diese Dinge zu denken.

---

[3] Französischer Philosoph, der auf Gebieten wie der Philosophie des Seins und der Wahrheit arbeitet. Badiou wurde stark von den Studentenunruhen von 1968 in Paris beeinflusst, und seine Politik ist mit seiner Philosophie **verflochten**.

Ina und Elisa sehen sich überrascht an.

Elisa: Du bist leidenschaftlich dabei, Erik.

Erik: Absolut! Jeder sollte Philosophie studieren. Ich habe über Dinge nachgedacht, von denen ich nie geträumt habe. Und obwohl ich keine Antworten habe, habe ich das Gefühl, viel besser denken zu können.

Professor Aymard: Der Glaube des **Bekehrten**! Ich bin froh, das zu hören. Die Geschichte der Philosophie ist die Geschichte von Männern und Frauen, die seit Tausenden von Jahren denken. Die Philosophie ist wichtig und wird auch weiterhin wichtig sein.

Ina: Vorwiegend Männer …

Professor Aymard: Leider, ja. In der Philosophie begegnen wir selten Frauen. Aber ich freue mich, dass sich das ändert. Es gibt mittlerweile viele Frauen, die in der Philosophie tätig sind. In der zweiten Hälfte des 20. Jahrhunderts leisteten Frauen wie Simone de Beauvoir, Elizabeth Anscombe, Philippa Foot, Hannah Arendt und Julia Kristeva **bedeutende Beiträge** zur Philosophie.

Elisa: Wir brauchen mehr Frauen, die Philosophie studieren, um eine Balance zu schaffen.

Professor Aymard: Ich würde gerne einen von Ihnen in meinem Forschungsteam haben. Vielleicht haben wir den nächsten Sartre oder de Beauvoir unter uns! Der Philosophie kommt bei den nächsten Schritten der Menschheit eine grundlegende Rolle zu. Betrachten wir zum Beispiel **Künstliche** Intelligenz. Die virtuelle Welt wird fast so wichtig wie die reale, aber wie sollen wir

darauf reagieren? Können Computer wirklich denken?
Wenn ja, wie sollen wir reagieren? Wie sollten wir
uns in einer virtuellen Welt moralisch verhalten? Das
sind alles wichtige Fragen, philosophische Fragen. Wir
brauchen Philosophen, die sie gut durchdenken können,
um eine führende Rolle in der Gesellschaft zu spielen.

Ina: Es geht nicht nur darum, **grübelnd** im Sessel zu
sitzen.

Professor Aymard: Absolut. Philosophen stehen an der
Spitze des modernen Denkens. Ein anderes Beispiel:
die Debatten um Euthanasie. Es gibt viele Meinungen
zu diesem Thema, aber die emotionalen Reaktionen
sind oft nicht die vernünftigsten. Es braucht einen
Philosophen, um rational nachzudenken. Ich bin
sicher, Ihnen fallen viele Beispiele ein, bei denen
philosophische Fragen auftauchen. Eine gute Grundlage
in Philosophie kann Sie auf viele Arten von Karrieren
vorbereiten: Politik, Medizin, karitative Arbeit, sogar
das Militär. Überall dort, wo Denken den Unterschied
zwischen einem guten und einem schlechten Ergebnis
ausmachen kann.

Ina: Die Philosophen denken aktuell über diese Dinge nach?

Professor Aymard: Natürlich. Ein Freund von mir ist Teil
eines Forschungsprojekts zur Philosophie des Sports.

Erik: Sport? Warum sollte Philosophie etwas mit Sport zu
tun haben?

Professor Aymard: Was ist Fairplay? Ist es moralisch
vertretbar, wettbewerbsfähig zu sein? Sind Sportler
Helden? Darf man den Sieg feiern? Sollten wir
leistungssteigernde Medikamente **einnehmen**? Sind

das nicht alles philosophische Fragen? Sie sehen, Philosophie ist überall. Wir werden einige dieser Themen in zukünftigen Seminaren behandeln.

Kernaussagen:

- *Die Geschichte der Philosophie geht weiter. Philosophie spielt in unterschiedlichen Bereichen wie Künstliche Intelligenz, Medizin, Politik und Umwelt eine wichtige Rolle. Obwohl einige der Fragen, die Philosophen immer gestellt haben, weiterhin gültig sind, werden immer neue Fragen auftauchen. Der **Zweck** der Philosophie besteht nicht nur darin, Antworten zu suchen, sondern auch zu lernen, über Fragen nachzudenken. Heute ist die Philosophie nicht mehr die ausschließliche Domäne der Akademiker, noch ist sie wie früher nur eine **Beschäftigung** für Männer.*

Vokabular

zeitgenössischen contemporary
(die) Umweltbelange the environmental concerns
(der) Anhänger the supporter
zerstören to destroy
(die) Kreuzworträtsel the crossword puzzles
(die) Fundamente the foundations
aufgeben to give up
verflochten (verflechten) to intertwine
(die) Bekehrten the converted
bedeutende significant
(die) Beiträge the contributions
künstliche artificial
grübelnd brooding
vertretbar reasonable
wettbewerbsfähig competitive
(die) Helden the heroes
leistungssteigernde performance enhancing
einnehmen to take in
(der) Zweck the purpose
(die) Beschäftigung the occupation

KAPITEL SECHZEHN: FRAUEN IN DER PHILOSOPHIE

Professor Aymard hat eine Gastvorlesung vorbereitet. Ina, Erik und Elisa nehmen an ihr teil. Das Thema ist ein Geheimnis, bis Professor Aymard es vorstellt.

Professor Aymard: Guten Abend! Ich gebe seit vielen Jahren Vorlesungen und bin immer auf der Suche nach Verbesserungsmöglichkeiten. Eine Studentin schickte mir ihre Idee und ich fand sie sehr **überzeugend**. Ina fragte, ob wir eine Vorlesung über Frauen in der Philosophie geben könnten. Die Geschichte der Philosophie tendiert dazu, von Männern **geprägt** zu sein. Jedes Thema, das wir behandelt haben, wurde von einem Mann beschrieben. Die Gründe dafür sind historisch. Kurz: Frauen nahmen kaum am geistigen Leben teil. Sie durften nicht unterrichten, die wenigsten konnten lesen oder waren gebildet. Daher war der **weibliche** Beitrag zur Akademie **vernachlässigbar**. Zum Glück **hat sich das Blatt gewendet** und Frauen haben ihren Platz in der Philosophie fest **etabliert**.

Elisa: Gut gemacht, Ina. Dein Vorschlag war sehr gut.

Ina: Danke! Es ist ein Thema, über das ich sehr gerne mehr erfahren möchte.

Professor Aymard: Ich hielt es für keine gute Idee, persönlich eine Vorlesung über Frauen in der

Philosophie zu geben. Dies würde so wirken, als ob nur Männer Philosophie unterrichten. Deshalb habe ich jemanden eingeladen. Ich bin sicher, Sie werden mir zustimmen, dass sie die perfekte Wahl ist. Bitte heißen Sie Professorin Sylvie Zanta herzlich willkommen, die bei Simone de Beauvoir studiert hat und jetzt Professorin für Philosophie an der Universität Oxford im Vereinigten Königreich ist.

Ina, Erik und Elisa sehen sich aufgeregt an, als Professorin Zanta erscheint und mit einem Applaus begrüßt wird.

Professorin Zanta: Guten Tag und vielen Dank, Professor Aymard, für Ihre freundlichen Worte. Es ist mir eine Freude, hier zu sein. Ich verstehe, dass Sie die Geschichte der Philosophie von den alten Griechen bis zur Gegenwart kennengelernt haben und gerade in der Gegenwart angekommen sind.

Ina: Wir haben das 20. Jahrhundert studiert: Russell, Moore und Wittgenstein, die analytische Tradition und die kontinentale Philosophie, den Existentialismus und die Phänomenologie.

Professorin Zanta: Sehr gut! Sie haben sicherlich viel gelernt. Heute möchte ich mit Ihnen über Frauen in der Philosophie sprechen. Es gibt leider nur wenige, aber es werden immer mehr. Die Tatsache, dass Frauen in der Geschichte der westlichen Philosophie nicht vorkommen, bedeutet nicht, dass Frauen nicht über philosophische Fragen nachgedacht haben wie Männer. Männer und Frauen sind nicht anders, wenn es darum geht, die Welt um uns herum zu bestaunen und Fragen zu stellen. Der Unterschied besteht darin, dass Frauen nicht immer die gleichen Möglichkeiten hatten wie Männer.

Ina: Wurden Frauen in der Vergangenheit ernst genommen? Ihr Einfluss war nicht nur in der Philosophie **beschränkt**. Die Geschichte Europas ist die Geschichte der Männer.

Professorin Zanta: Das ist leider wahr. Aus soziologischer Sicht haben Frauen immer eine **untergeordnete** Rolle gespielt. Während die Männer auf die **Jagd** gingen und Früchte sammelten, blieben die Frauen zu Hause, um sich um die Kinder und den Haushalt zu kümmern. Die Zeiten haben sich geändert. Zivilisationen haben sich geändert. Aber die grundlegenden sozialen Strukturen sind gleich geblieben. Die Geschichte der Frauen wird erst seit Kurzem ernst genommen und einem breiteren wissenschaftlichen Publikum bekannt gemacht.
Es ist falsch, dass die Philosophie Frauen bewusst ausgeschlossen hat. Natürlich hat die Philosophie darunter gelitten. Wir fangen jetzt erst an, diesen Fehler zu verstehen.

Elisa: Wann tauchten die ersten Frauen in der Geschichte der Philosophie auf?

Professorin Zanta: Manche würden sagen, dass Simone de Beauvoir die erste Philosophin war, die große **Anerkennung erlangte**. Sie war sicherlich an radikalen Veränderungen beteiligt. Aber ich möchte noch weiter gehen und einige Ideen untersuchen, die Frauen in der Vergangenheit hatten. Ob Sie es glauben oder nicht, wir können bis in die Antike zurückgehen, um Beispiele von Frauen zu finden, die Philosophie betrieben. Sie haben vielleicht schon von dem griechischen Mathematiker Pythagoras gehört, der für seine Arbeiten über Dreiecke berühmt ist. Er hatte eine Frau (Theano von Crotona). Wir haben **Ausschnitte** ihrer Schriften zu Themen

wie Tugend und die goldene Mitte, Mathematik und
Elternschaft. Es besteht kein Zweifel, dass sie selbst
eine angesehene Denkerin war. Sie war eine der ersten
Philosophinnen.

Elisa: Das ist ja fantastisch! Sie war also eine echte Pionierin?

Professorin Zanta: Ein Teil des Problems besteht darin,
dass eine von Männern dominierte Geschichte einen
von Männern dominierten Lehrplan bedeutet. Wir
wissen nichts von diesen Frauen, obwohl es sie gab.
Werfen Sie einen Blick ins Mittelalter. Sie haben
von Thomas von Aquin, Augustinus und Anselm
gehört, aber das klösterliche Leben war nicht nur
etwas für Männer. Viele Frauen wurden **Nonnen**. Sie
lernten Lesen und Schreiben. Sie hatten Zugang zu
Bibliotheken und Zeit zum Lernen. Die mittelalterliche
Kirche brachte viele gelehrte Frauen hervor. Katharina
von Siena zum Beispiel. Sie war eine Mystikerin,
die viele Erfahrungen mit dem Göttlichen hatte. Sie
verwendete die Sprache der mittelalterlichen Scholastik,
um diese Erfahrungen ausführlich zu beschreiben.

Ina: Sie war also Theologin und Philosophin wie
die anderen?

Professorin Zanta: Genau. Sie war eine Gelehrte und
hatte einen tiefen Glauben. Dies sind nur zwei Beispiele,
die im Kontext ihrer Lebenszeit eigene Vorstellungen
hatten. Es stimmt, dass die meisten Frauen diese
Möglichkeiten nicht hatten. Aber die meisten Männer
auch nicht. Die meisten Menschen waren zu sehr damit
beschäftigt, zu überleben, um sich den Problemen
der Philosophie zu **widmen**. Heutzutage nehmen
wir Freizeit als selbstverständlich hin. Wir haben die

Möglichkeit, die Philosophie für uns selbst zu genießen. In der Vergangenheit hatten die meisten Menschen weder Zeit noch die Ausbildung dazu.

Elisa: Es sieht so aus, dass es nur wenige Frauen in der Philosophie gab. Wann wurden sie wirklich zu einer treibenden Kraft in der Philosophie und was war ihr Beitrag?

Professorin Zanta: Das ist eine gute Frage. Das 20. Jahrhundert war für die Frauen eine Zeit der Befreiung. Die Revolutionen des 19. Jahrhunderts waren zu einem großen Teil die der Männer. Frauen mussten vielerorts noch immer auf **Gleichberechtigung** und Freiheit warten. Es ist erstaunlich, wenn man sich vorstellt, dass Frauen hier in Europa noch vor hundert Jahren um die **Ausübung** der einfachsten demokratischen Rechte gekämpft haben. Aber mit der Emanzipation der Frau am Arbeitsplatz, zu Hause und in der Bildung kam die Emanzipation der Frau in der Philosophie. Für manche mag es überraschend sein, dass Frauen über philosophische Fragen ebenso nachdenken können wie Männer.

Elisa: Wird nicht mehr gezweifelt, dass Frauen den Männern in der Philosophie gleichgestellt sind?

Professorin Zanta: Es gibt immer noch Fragen zu gleichem **Lohn**, Arbeitsrechten und vielen anderen Themen. Aber ja, ich denke, Frauen werden als Philosophinnen viel mehr respektiert als früher. Bei der Philosophie dreht sich alles um Ideen. Frauen können die gleichen Ideen haben wie Männer, und sogar noch bessere. Das 20. Jahrhundert erlebte eine Revolution im Denken der Frauen, nicht nur **in Bezug**

auf die sie betreffenden Themen, sondern in allen Aspekten der Philosophie. Schauen Sie sich Simone de Beauvoir an. Ihre existentialistische Philosophie ist bis heute einflussreich. Wie Sartre zog sie es vor, Romane und Theaterstücke zu verwenden, um ihre Ideen auszudrücken. Sie schrieb auch autobiografisch, um die zentrale Idee des Existentialismus zu vermitteln: dass die Existenz der Essenz vorausgeht. Sie und Sartre waren lebenslange Partner und teilten ein unkonventionelles Leben. Sie waren radikal.

Ina: Inwiefern?

Professorin Zanta: Simone de Beauvoir war Feministin. Und das zu einer Zeit, als der Feminismus noch in den Kinderschuhen steckte. Natürlich gab es auch in der Vergangenheit Pionierinnen. Viele Frauen kämpften gegen die männliche Dominanz und **erzielten** aus eigener Kraft Erfolge. Aber sie waren oft Frauen mit Macht oder Status (Königin Elisabeth I. von England zum Beispiel). Im 20. Jahrhundert fühlten sich normale Frauen **ermächtigt**, ihre eigenen Ziele und Träume zu verfolgen. Simone de Beauvoir stand an der Spitze dieser Bewegung. Sie hat sich für Gleichberechtigung eingesetzt. Das mag für uns nicht besonders radikal klingen, war es aber für die damalige Zeit. Aber denken Sie daran, dass Existentialismus über die Gleichstellung der **Geschlechter** hinausgeht. Es ist radikaler. Existentialisten definieren ihre Existenz. Das Geschlecht spielt kaum eine Rolle. Die Frage ist, was etwas für Sie als Individuum bedeutet. Simone de Beauvoir schrieb ein Buch mit dem Titel *Das andere Geschlecht*, das die Entwicklung der Behandlung von Frauen im Laufe der Geschichte nachzeichnet.

Elisa: Das Geschlecht war ihr also nicht wichtig?

Professorin Zanta: Ich glaube schon. Simone de Beauvoir wollte klären, was es bedeutet, eine Frau zu sein, aber aus den Grenzen ihrer eigenen Erfahrung heraus. Das ist der Schlüssel zum Existentialismus. Ich kann Ihre Existenz nicht definieren und ich kann Ihnen nicht sagen, wie Sie sich fühlen oder Sie sein sollten. Das müssen Sie selbst herausfinden. Es gibt keinen unbestreitbaren Weg, eine Frau oder ein Mann zu sein. Sie müssen herausfinden, was es für Sie bedeutet. Erinnern Sie sich an Sartres Worte über die Sklaverei der Freiheit? Es kann überwältigend sein. Es gibt diejenigen, die es vorziehen, vorgegebene Rollen zu haben und sie nie infrage zu stellen. Die Ideen von Simone de Beauvoir forderten viele (insbesondere Frauen) heraus, darüber nachzudenken, wer sie waren und wer sie sein wollten.

Ina: Haben Frauen die Philosophie nur in Europa beeinflusst? Was ist mit der analytischen Philosophie?

Professorin Zanta: Auf der ganzen Welt gibt es Frauen, die in philosophischen Fakultäten arbeiten. Sie sind sowohl in der analytischen Philosophie als auch in der kontinentalen Philosophie **vertreten**. Susan Stebbing war 1933 Großbritanniens erste Professorin für Philosophie. Dorothy Emmett war Mitte des 20. Jahrhunderts zwanzig Jahre lang Leiterin der Philosophischen Fakultät an der Universität Manchester. Elizabeth Anscombe war eine der wichtigsten Übersetzerinnen Wittgensteins und seine Studentin. Ich freue mich, dass der Wandel gekommen ist und Frauen ihren **rechtmäßigen** Platz als gleichberechtigte Philosophinnen haben.

Ina: Können Sie uns etwas über Hannah Arendt erzählen? Ich habe Ihr Buch *Elemente und Ursprünge totaler Herrschaft* gelesen. Ich fand es inspirierend.

Professorin Zanta: Ich auch! Hannah Arendt war eine Holocaust-Überlebende und politische Philosophin. Ihre Erfahrungen gaben ihr einen einzigartigen Einblick in die **Schrecken** des Totalitarismus des 20. Jahrhunderts. Ihre Philosophie war nicht nur akademisch geprägt, sondern entstand aus ihrer Lebenserfahrung. Ein interessanter Aspekt ihrer Arbeit ist, dass sie keinen Unterschied zwischen Nazismus und dem sowjetischen Kommunismus macht. Arendt argumentiert, dass Totalitarismus ein **Krebsgeschwür** der **Unterdrückung** ist. Terror war der bestimmende Faktor beider totalitärer Regime: Terror nicht nur gegen politische **Gegner**, sondern auch gegen einfache **Bürger**.

Ina: Sie lebte ihre Ansichten, oder? Welche anderen philosophischen Ideen hatte sie?

Professorin Zanta: Ein weiteres ihrer Bücher heißt *Eichmann in Jerusalem*. Darin geht es um den Prozess gegen Adolf Eichmann, einen der Architekten des Holocaust. Sie reiste nach Jerusalem, um Zeugin zu sein und prägte den Ausdruck „die **Banalität** des **Bösen**".

Erik: Was bedeutet das?

Professorin Zanta: Wir erwarten, dass die Angeklagten der **abscheulichsten Verbrechen** anders sind. Wir stellen sie uns als Monster vor, damit wir **unbewusst** sagen können, dass sie anders sind als wir. Arendt erkannte, dass dies nicht der Fall war. Ganz normale und **unauffällige** Menschen können ein tiefes Böses in sich bergen, wie es bei Eichmann der Fall war.

Tatsächlich macht es das sogar noch schlimmer. Wir können keine Person **verwandeln**. Wir können nichts tun, außer zu akzeptieren, dass wir am Ende alles nur Menschen sind.

Ina: Sie war sehr mutig, sich ihm zu stellen.

Professorin Zanta: Aber nicht alle stimmten ihr zu. Einige kritisierten sie dafür, dass sie einen Mann wie Eichmann als etwas Banales bezeichnete. Wir müssen sie dafür **bewundern**, dass sie für ihre Prinzipien **einsteht**. Leider glaubten manche, dass eine Frau kein Recht habe, solche Meinungen zu teilen.

Elisa: Aber hat vieles in der Philosophie nicht mit männlichen Vorstellungen zu tun? Sind es nicht Männer, die versuchen, Männerprobleme zu lösen? Arendt wollte zeigen, dass Frauen Meister ihrer eigenen Gedanken und Gefühle sind. Arendt ging nach Israel, um sich dem Bösen zu stellen. Sie fand kein Monster, sondern einen gewöhnlichen Mann, der etwas **Ungeheuerliches** getan tat.

Professorin Zanta: Genau. Heute würde man sie **loben**. Zur von männlichen Ideen dominierten Philosophie stimme ich nicht zu. Die Philosophie befasst sich mit Problemen, die uns alle betreffen. Wir können diese Ideen nicht männlich oder weiblich nennen. Es gibt Feministinnen, die das so sehen: dass es in der Philosophie nur um Männer geht und dass eine neue Denkweise erforderlich ist, um die Philosophie von ihrer männlichen Vergangenheit zu befreien. Aber die Anliegen der Philosophie sind universell. Wahrheit, Güte, Schönheit, Gott; All dies sind Anliegen, die für Männer und Frauen gleichermaßen gelten. Es waren meistens Männer, die über diese Dinge nachgedacht haben. Die meisten Gedanken, die zu diesen Themen **überliefert** sind, stammen von Männern. Das heißt aber nicht, dass in Zukunft nur noch Männer an sie denken werden.

Nach der Vorlesung bedankt sich Professor Aymard bei Professorin Zanta. Ina, Erik und Elisa verlassen den Saal und gehen gemeinsam zum Café de Flore.

Erik: Meint ihr, dass die Meinung von Frauen in der akademischen Welt respektiert wird? Ich beziehe mich nicht nur auf die Philosophie, sondern auf alle Disziplinen.

Ina: Ich denke, Frauen müssen sich oft mehr anstrengen, um **sich** zu **beweisen**. Aber es gibt viele Akademiker, Forscher und viele **Vorbilder**, nach denen Frauen streben können.

Elisa: Professorin Zanta war sehr inspirierend für mich. Ich glaube jetzt, dass ich dasselbe erreichen kann wie ein Mann. Und die Tatsache, dass sie von Simone de Beauvoir unterrichtet wurde, ist fantastisch!

Erik: Ich stimme zu. Es wäre interessant gewesen, in der Zeit mit ihr und Sartre zu leben. Sie hatten eine ganz besondere Beziehung. Er wollte sie heiraten, aber sie taten es nie. Sie lebten als **Gefährten**, manchmal zusammen, manchmal getrennt.

Ina: Mir würde das nicht gefallen.

Erik: Mir auch nicht, aber es **erlaubte** beiden, ohne **Unterbrechung** an ihren Schriften zu arbeiten. Simone de Beauvoir hat sich nie als Philosophin verstanden, sondern als Schriftstellerin.

Elisa: Für mich war sie beides. Sie teilte ihre philosophischen Ideen durch ihre Romane und ihre Autobiografie mit. Dies zeigt, dass Philosophie und Ideen auf verschiedene Weisen kommuniziert werden können. Ich bin froh, dass wir einige der Frauen kennengelernt haben, die Pionierarbeit geleistet haben. Ohne Menschen wie Hannah Arendt wären wir intellektuell ärmer.

Kernaussagen:

- *Die Philosophie hat wie jede andere akademische Disziplin eine Geschichte männlicher Dominanz. Die Geschichte der Philosophie ist die Geschichte dessen, was die Menschen dachten. Die Gründe dafür sind kultureller, soziologischer und politischer Natur. Heute ist die Philosophie eine Disziplin, die allen Meinungen das gleiche Gewicht gibt: Was zählt, ist eine gute, offene Debatte. Im 20. Jahrhundert wurde die Philosophie mit dem **Aufkommen** der **Frauenrechtsbewegungen** zu einer Disziplin, in der die Beiträge von Frauen bewundert und respektiert werden. Pionierinnen wie Simone de Beauvoir setzten sich für die Gleichstellung der Geschlechter und die Rechte der Frau in Beruf, Bildung und Haushalt ein.*

Vokabular

überzeugend convincing
geprägt coined
weibliche female
vernachlässigbar negligible
hat sich das Blatt gewendet the tables have turned
etabliert (etablieren) established
beschränkt (beschränken) limited
untergeordnete subordinate, secondary
(die) Jagd the hunt
(die) Anerkennung the recognition

erlangte (erlangen) to achieve
(die) Ausschnitte the excerpt
(die) Elternschaft the parenthood
(die) Nonnen the nuns
widmen to dedicate
(die) Gleichberechtigung the equality
(die) Ausübung the execution
(der) Lohn the salary
in Bezug auf with regard to
erzielten (erzielen) to achieve
ermächtigt (ermächtigen) to authorize
(die) Geschlechter the sexes
überwältigend overwhelming
vertreten to represent
(die) Übersetzerinnen the (female) translators
rechtmäßigen rightful
(der) Schrecken the scare
(das) Krebsgeschwür the cancer
(die) Unterdrückung the oppression
(der) Gegner the opponent
(der) Bürger the citizen
(die) Banalität the banality
(das) Böse the evil
abscheulichsten abominable
(das) Verbrechen the crime
unbewusst unconsciously
unauffällige inconspicuous
verwandeln to transform
bewundern to admire
einsteht (einstehen) to stand up
(das) Ungeheuerliche the monstrosity
loben to praise
überliefert (überliefern) to pass down
sich beweisen to prove oneself
(die) Vorbilder the idols
(die) Gefährten the companions
erlaubte (erlauben) to allow, to permit
(die) Unterbrechung the intermission
(das) Aufkommen the emergence
(die) Frauenrechtsbewegung the women's rights movement

TEIL ZWEI: WIE PHILOSOPHIE FUNKTIONIERT

KAPITEL EINS:
LOGIK

Nach Professor Aymards Vorlesung gehen Ina, Erik und Elisa in einen Seminarraum der Universität. Professor Aymard hat ihnen nach der Vorlesung zum Thema Logik Hausaufgaben aufgegeben.

Professor Aymard: Wir könnten noch sehr viel mehr über Logik sagen. Wir könnten sogar einen ganzen Kurs dazu **anbieten**! Es ist einer der wichtigsten Aspekte der Philosophie: die Wissenschaft des Arguments und des rationalen Denkens und die Entscheidung, ob ein Argument **gültig** oder **ungültig** ist. Die Logik ist einzigartig, weil sie ein Werkzeug für eine Reihe von Fragen ist, obwohl wir auch philosophische Fragen zur Logik selbst stellen könnten. Die philosophischen Fragen, die wir uns gestellt haben, konzentrieren sich auf logische Argumente. Lassen Sie sich davon nicht **einschüchtern**. Es ist nur eine andere Art, über Dinge nachzudenken.

Ina, Erik und Elisa verlassen die Vorlesung. Es war ein schwieriges Thema und Sie müssen es noch einmal untereinander besprechen.

Erik: Ich hätte nie gedacht, dass Philosophie wie Mathematik sein würde!

Ina: Es sieht ein bisschen aus wie Mathe, ist aber nicht dasselbe. Es geht hauptsächlich um Buchstaben, obwohl ein Großteil der Mathematik auch Buchstaben sind. Professor Aymard schlug uns einige einfache Übungen vor.

Elisa: Einfach? Ich habe Kopfschmerzen. Ich kann so nicht denken. Ich schreibe gerne Aufsätze und führe Debatten, anstatt zu entscheiden, wohin P und Q gehören sollen.

Ina: P und Q (oder welcher Buchstabe auch immer) sind Möglichkeiten, Argumente **darzustellen**. Es ist, als würde die Algebra Buchstaben verwenden, um allgemeine Formeln für mathematische Probleme abzuleiten. In der Logik verwenden wir Symbole, um Argumente darzustellen. Lass dich davon nicht einschüchtern.

Elisa: Aber es ist nicht wie einen Aufsatz zu schreiben, oder?

Ina: Aber deine Aufsätze müssen auch logisch argumentieren. So funktioniert die Philosophie. Die logischen Argumente werden Punkt für Punkt voneinander abgeleitet. Eine Schlussfolgerung wird durch Argumentation erreicht. Eins führt zum anderen und so weiter. Ohne Prämissen können wir nicht zu einem Schluss kommen.

Elisa: Kannst du mir helfen, Ina? Ich verstehe es wirklich nicht. Es gibt viele Wörter, die ich nicht verstehe.

Ina: Schauen wir uns das erste Problem auf der Frageseite an. Wir müssen entscheiden, ob das Argument gültig ist oder nicht. „Wenn das Wesen in der **Schachtel** acht **Beine** hat, ist es eine Spinne. Das Wesen in der Schachtel hat acht Beine. Deshalb ist die Kreatur in der Kiste eine Spinne." Ist es gültig oder ungültig?

Elisa: Ich bin mir nicht sicher. Spinnen haben acht Beine, aber das bedeutet nicht unbedingt, dass die Kreatur in der Schachtel acht Beine hat, oder? Es könnte eine Spinne sein, der ein Bein fehlt. Wir wissen es nicht.

Ina: Es ist viel einfacher, es logisch **auszudrücken**. Wir können eine Wahrheitstabelle **verwenden**, wie sie uns Professor Aymard heute in der Vorlesung gezeigt hat.

p	*q*	*p → q*
V	V	V
V	F	F
F	V	V
F	F	V

Wahrheitstafel „Modus Ponens"

Elisa: Das ist Mathe, oder?

Ina: Nicht ganz. Aber die Struktur des Arguments kann **erhöht** werden, indem man Wörter durch Symbole **ersetzt**. In diesem Fall haben wir eine **Aussage** als **Ausgangspunkt**: „Wenn das Wesen in der Schachtel acht Beine hat, ist es eine Spinne." Diese hat die Form: „Wenn ... dann." Nehmen wir das als Ausgangspunkt, aber vergessen wir die Schachteln und Spinnen. Sagen wir „P" bedeutet „Acht Beine haben" und „Q" bedeutet „Eine Spinne sein". Auf diese Weise können wir das Argument folgendermaßen strukturieren: „Wenn P, dann Q". Es könnte für jede Menge von Sätzen verwendet werden, die die gleiche logische Form haben. Versuche, die Wörter zu vergessen und konzentriere dich auf die Argumentationsstruktur.

Elisa: Das heißt also „Wenn P, dann Q". Was kommt als Nächstes?

Ina: „Das Wesen in der Schachtel hat acht Beine". Wir wissen also, dass „P" wahr ist.

Elisa: Wenn P, dann Q. P macht Q gültig.

Ina: Es ist schwierig. Das Wesen in der Schachtel, auf das wir uns beziehen, hat möglicherweise keine acht Beine. Vielleicht ist es eine Spinne, aber vielleicht hat sie ein Bein verloren oder vielleicht hat sie sogar wegen einer Mutation mehr Beine. Wir können uns der Wahrheit dessen, was gesagt wird, nicht sicher sein. Aber die Struktur des Arguments ist gültig. Sätze führen zum Schluss, zumindest in seiner logischen Form.

Elisa: Aber es spielt keine Rolle, wie die Worte des Arguments lauten.

Ina: Der **Schlüssel** zur Logik ist, den Inhalt zu vergessen und sich auf die Struktur zu konzentrieren. Daran interessierten sich Philosophen wie Russell und Wittgenstein. Sie wollten vollkommen logische Sprachen schaffen, die die Probleme der Philosophie **ein für alle Mal** lösen könnten.

Elisa: Was ist nun ein gültiges Argument?

Ina: Ein gültiges Argument ist eines, bei dem, wenn alle Prämissen wahr sind, die Schlussfolgerung konsequenterweise folgt. Über Logik ließe sich noch viel mehr sagen. Es gibt verschiedene Formen der Argumentation, und es gibt auch die Frage nach **Stichhaltigkeit** und **Unstichhaltigkeit**.

Erik: Was bedeutet das?

Ina: Ein Argument, das gültig ist und wahre Prämissen hat, ist ein starkes Argument. Das Gegenteil ist ein **fadenscheiniges** Argument: eines, das ungültig ist und mindestens eine falsche Prämisse hat. Nehmen wir das klassische Beispiel eines starken Arguments: Alle Menschen sind **sterblich**. Sokrates ist ein Mensch, also ist Sokrates sterblich. Beide Prämissen sind wahr und führen zu einer wahren Schlussfolgerung: Das Argument ist **stichhaltig**. Aber nehmen wir ein anderes Beispiel: Alle Katzen sind rot. Armstulpen sind Katzen, also sind Armstulpen rot. In diesem Beispiel ist das Argument gültig, aber nicht stark, da nicht alle Katzen unbedingt rot sind. Im konkreten Fall funktioniert es, aber wir wollen universelle Beispiele.

Elisa: Das obige Beispiel ist also nicht stark? Das mit den Spinnen?

Ina: Richtig. Es funktioniert nicht für den Inhalt des Arguments, aber die Struktur ist gültig.

Erik: Dazu muss ich noch viel lesen.

Elisa: Ich auch.

Ina: Logik muss man üben, üben, üben. Philosophen haben von Anfang an Logik verwendet. Aristoteles entwickelte viele der Ideen, die seine Entwicklung beeinflussten. Ihn interessierte, wie wir Argumente **bewerten** und wie sich die Form der Argumente entwickelt.

Erik: Ich glaube nicht, dass wir der Logik **entkommen**, Elisa …

Elisa: Ich glaube, da hast du recht, Erik …

154

Kernaussagen:

- *Logik ist die Lehre davon, wie Argumente funktionieren und wie sie **aufgebaut** sind. Logik studiert Argumentation, um gute und schlechte Argumente zu erkennen, aber es gibt auch philosophische Fragen zur Logik. Kann es zum Beispiel eine Situation geben, in der 2+2 nicht 4 ist? Jedes Argument hat eine logische Struktur, die in symbolische Sprache übersetzt und auf ihre **Wirksamkeit** hin analysiert wird. Logik ist ein Werkzeug für Philosophen, aber auch im Alltag **unverzichtbar**. Argumente werden überall verwendet: von Politikern, in Zeitungen, von Werbetreibenden usw. Diese Argumente zu bewerten und zu erkennen, ob sie gut oder schlecht, gültig oder ungültig, solide oder nicht sind, ist **unerlässlich**, wenn wir gute Argumente aufbauen wollen. Logik ist wesentlich, auch wenn sie sich sehr von anderen Zweigen der Philosophie zu unterscheiden scheint.*

Vokabular

anbieten to offer
gültig valid
ungültig invalid
einschüchtern to intimidate
darzustellen (darstellen) to represent
(die) Schachtel the box
(die) Beine the legs
auszudrücken (ausdrücken) to express
verwenden to use
erhöht (erhöhen) to increase
ersetzt (ersetzen) to exchange
(die) Aussage the statement
(der) Ausgangspunkt the starting point
(der) Schlüssel the key
ein für alle Mal once and for all
(die) Stichhaltigkeit the validity
(die) Unstichhaltigkeit the invalidity
fadenscheiniges flimsy

stichhaltig valid
bewerten to evaluate
entkommen to escape
aufgebaut (aufbauen) to build
(die) Wirksamkeit effectiveness
unverzichtbar indispensable
unerlässlich essential

KAPITEL ZWEI: ERKLÄRUNG DER ETHISCHEN THEORIEN

*Ina, Erik und Elisa besuchen eine Vorlesung über ethische Theorien. Professor Aymard erwähnt alle behandelten Philosophen der letzten Monate und **fügt** noch einige neue **hinzu**.*

Professor Aymard: Menschen haben sich schon immer ethisch **verhalten**. Derjenige, der als Erster sagte: „Das ist richtig oder falsch", war der Erste, der eine ethische Aussage machte und die Moral **erfand**. Ganz so einfach war es natürlich nicht. Aber das ist die Idee. Wenn wir ein moralisches **Urteil fällen**, wenn wir sagen „das ist richtig oder falsch", **vertreten** wir eine ethische Meinung. Ob wir uns dessen bewusst sind oder nicht, wir positionieren uns ethisch. Wir entscheiden uns für eine bestimmte **Haltung**.

Ina: Ethik ist überall. Jedes Urteil, das wir fällen, ist ethisch.

Professor Aymard: Vielleicht ja. Wenn ich mich entscheide, diesen **Stift** zu nehmen, ist das ein moralisches Urteil?

Erik: Es hängt davon ab, wofür Sie den Stift verwenden möchten.

Professor Aymard: Genau. Dieser Stift könnte verwendet werden, um eine Einkaufsliste zu schreiben. In diesem Fall hat die Entscheidung wenig ethische Bedeutung, es sei denn, Sie kaufen etwas **Umstrittenes** wie einen **Pelzmantel**. Aber wenn der Kugelschreiber verwendet wurde, um ein **Todesurteil** zu **unterschreiben**, wäre das eine ganz andere Sache. Aber ja, fast jede Entscheidung oder jedes Urteil, das wir treffen, ist ethisch. Deshalb ist es so wichtig, Ethik zu verstehen. Denken Sie aber auch an den Unterschied zwischen Aktion und Konsequenz. Den Stift mitzunehmen ist vielleicht keine ethisch motivierte Handlung, wenn ich eine Einkaufsliste schreibe. Aber was, wenn ich den Stift vielleicht gestohlen habe? Oder was, wenn die Folge des Griffs zum Stift die Unterzeichnung eines Todesurteils ist?

Erik: Alles könnte eine ethische Entscheidung sein, richtig?

Professor Aymard: Potenziell ja. Deshalb ist es so wichtig, ethische Entscheidungen zu treffen. Wir müssen verstehen, dass wir Ethik jeden Tag anwenden, ob wir es wissen oder nicht. Ethische Entscheidungen werden auch überall um uns herum getroffen.

Ina: Aber woher wissen wir, welche ethische Theorie wir wählen sollen? Und glauben die Leute das wirklich? Ich treffe keine Entscheidungen basierend auf einer Theorie. Ich mache es basierend auf dem, was ich für richtig halte.

Professor Aymard: Aber woher wissen Sie, was Sie für richtig halten? Ethische Theorien lassen sich in zwei allgemeine Kategorien einteilen. Deontologisch und konsequentialistisch. Deontologische Ethiktheorien untersuchen unsere Handlungen. Konsequentialistische Theorien untersuchen die **Folgen** dieser **Handlungen**. Während sich alle ethischen Theorien auf das **Ergebnis** konzentrieren, konzentrieren sich einige mehr auf den Prozess als auf die Folgen. Kant zog die **Untersuchung**

von Handlungen den Folgen vor. Wenn es also immer richtig ist, die Wahrheit zu sagen, sollten wir es unabhängig von den Konsequenzen tun. Die Alternative wäre zu sagen, dass **der Zweck die Mittel heiligt**. Dass die Konsequenz wichtiger ist als die Handlung.

Erik: Sollten wir nicht beide **betrachten**? Warum muss es die eine oder die andere sein? Das, was ich früher dachte, denke ich noch heute.

Professor Aymard: Im Laufe der Jahre haben viele Philosophen beide Theorien angewandt. Im Idealfall würden wir beide Theorien in Betracht ziehen. Aber das wäre sehr kompliziert. Genauso kompliziert wäre es, es nicht zu tun. Nehmen wir folgendes Beispiel: Sie **beschließen**, bei einem **Aufsatz** zu **schummeln** und bitten jemand anderen, ihn für Sie zu schreiben. Die Aktion selbst kann als falsch angesehen werden, aber die Konsequenz ist, dass Sie eine gute Note bekommen, was an sich gut ist. Aber denken Sie jetzt an ein zweites Beispiel: Sie sind derjenige, der Ihrem Freund hilft, indem Sie den Aufsatz schreiben. Die Aktion selbst ist gut, weil Sie Ihrem Freund helfen, aber die Folge ist, dass er eine bessere Note bekommt, als er verdient und anschließend vielleicht den Kurs nicht **besteht**, wenn er nicht **mithalten** kann. Sehen Sie die unterschiedlichen Perspektiven? Es ist viel besser, einer Theorie Priorität zu geben, als zu versuchen, beide zu **berücksichtigen**.

Erik: Das macht Sinn. Aber beide Perspektiven haben ihre Probleme.

Professor Aymard: Auf jeden Fall. Erinnern Sie sich an das Problem mit Kants Theorie? Einen Mörder anzulügen, der hinter deinem Freund her ist, ist falsch, auch wenn dein Freund dadurch stirbt. Im Gegensatz dazu kann eine Theorie wie der Utilitarismus, der „das größte **Wohl** für die größte Zahl" **anstrebt**, schlimme Folgen für den Einzelnen haben. Manchmal mag eine ethische Theorie **oberflächlich** gut aussehen, hat aber im Einzelfall negative Auswirkungen.

Ina: Welche anderen ethischen Theorien gibt es?

Professor Aymard: Eine andere ethische Theorie, die dem Utilitarismus näher steht, ist eine Idee aus dem 20. Jahrhundert, die von einem Mann namens Joseph Fletcher entwickelt wurde. Der Titel seines Buches lautet *Situational Ethics*. Das Grundprinzip ist „die Dinge liebevoller zu machen". Es ist ein Versuch, über die ziemlich harten Schlussfolgerungen hinauszugehen, zu denen uns der Utilitarismus führen kann.

Elisa: Er war ein Christ, richtig? Es klingt wie „**Liebe deinen Nächsten**".

Professor Aymard: Ja, aber später wurde er Atheist. Wir dürfen nicht vergessen, dass das Christentum teilweise eine ethische Theorie ist. Die Lehren Jesu sind ein moralischer **Rahmen**, nach dem man leben kann. Jesus nannte die Armen „**gesegnet**" und lehrte seine Nachfolger, die andere **Wange** hinzuhalten. Nietzsche hat dagegen scharf reagiert. Er sagte, das Christentum habe das, was er Herrenmoral nannte, zugunsten der Sklavenmoral umgekehrt. Er argumentierte, dass Tugenden wie Stärke, Macht und Selbstbestimmung die wahrhaft moralischen Dispositionen seien.

Elisa: Aber was ist Situationsethik?

Professor Aymard: Entschuldigung. Ich **nutze** jede Gelegenheit, um über Nietzsche zu sprechen. Die Situationsethik war christlich geprägt, aber sie hat einen großen Fehler: Wer entscheidet, was das liebevollste Ergebnis ist? Ist es liebevoll, einen Menschen sterben zu sehen, um hundert zu retten? Ist es Liebe, einem Menschen eine teure medizinische **Behandlung** zu **untersagen**, damit Hunderte zum gleichen Preis eine **Grundversorgung erhalten**? Ist es Liebe, einen Krieg zu beginnen, der eine Million Menschen tötet, um den Frieden im Rest der Welt zu **bewahren**? Liebe ist nicht unbedingt ein gutes **Leitbild**. Wenn wir darüber nachdenken, versuchen wir nicht immer, der Person oder den Menschen, die wir lieben, zu helfen oder sie zu retten? Der Vorteil früherer ethischer Theorien ist, dass sie keine solchen Emotionen zuließen.

Erik: Aber wie könnten wir solche Entscheidungen treffen, ohne unsere Emotionen einzubeziehen?

Professor Aymard: Wir können nicht verhindern, dass unsere Emotionen ins Spiel kommen. So sehr wir auch versuchen, uns von der Situation zu trennen, werden wir immer eine emotionale Reaktion haben. Das ist das Problem der Theorien von Kant. Es gibt immer einen unbekannten Faktor: unsere Emotionen. Aber es gibt eine andere Art, über Ethik nachzudenken, die Sie vielleicht besser mögen.

Ina: Alles, was uns erlaubt, für uns selbst zu denken, anstatt uns vorzuschreiben, was zu tun ist.

Professor Aymard: Richtig, Aristoteles.

Elisa: Die Ethik der Tugend! Die Kultivierung unseres Charakters zwischen den Extremen von Exzess und Mangel.

Professor Aymard: Absolut richtig! Während einige ethische Theorien Handlungen oder die Folgen dieser Handlungen untersuchen, konzentriert sich die Tugendethik auf den Charakter des Individuums. Durch die Kultivierung unserer Tugenden bestätigt der Tugendethiker, dass wir immer auf die richtige Weise und mit den richtigen Konsequenzen handeln.

Erik: Man kann also beides haben?

Professor Aymard: Es ist möglich, einen Charakter zu entwickeln, der sich beider bewusst ist. Denken Sie an das Training für einen Marathon. Man kann nicht einfach eines Morgens aufstehen und ohne Probleme einen Marathon laufen. Es braucht monatelanges Training. Das Entwickeln eines ethischen Charakters ist ähnlich. Es erfordert viel Training und es besteht immer die Möglichkeit des **Scheiterns**. Indem wir unseren Charakter entwickeln (was sicherlich ein Leben lang dauert), lernen wir, moralisch auf jede Situation zu reagieren.

Ina: Sind wir deshalb manchmal dazu bestimmt, das Falsche zu tun?

Professor Aymard: Es ist nicht zu vermeiden. Wir können nicht erwarten, immer richtig auf die Situationen zu reagieren, in denen wir uns befinden, aber wir können lernen, wie man sich richtig verhält. Es geht darum, die Tugend zu kultivieren. Aristoteles lehrte, dass alle Tugenden wie Freundlichkeit, Geduld oder Mut ihr Übermaß und ihren Mangel haben. Wir können zum Beispiel rücksichtslos oder feige sein.

Elisa: Aber einige Tugenden sind leichter zu praktizieren als andere. Ich kann die meiste Zeit freundlich sein, aber ich kann nicht immer mutig sei.

Professor Aymard: Stimmt. Keine ethische Theorie ist ohne Fehler.

Kernaussagen:

- *Ethische Theorien können in drei Hauptkategorien unterteilt werden: handlungsbasiert, konsequenzbasiert und tugendbasiert. Handlungsbasierte Theorien (deontologische Ethik) betonen das Richtige oder Falsche des Handelns. Kants Ethiktheorie ist ein Beispiel für eine handlungsbasierte Ethiktheorie. Ethische Entscheidungen basieren ausschließlich auf einer Prüfung der Handlung selbst. Konsequentialistische Ethiktheorien untersuchen die Konsequenzen unserer Handlungen, um zu entscheiden, ob sie richtig oder falsch sind. Der Utilitarismus ist ein Beispiel für eine konsequentialistische Ethiktheorie und stützt ethische Entscheidungen darauf, ob sie das größte Gut für die größte Zahl produzieren. Die Tugendethik beschäftigt sich mit dem Charakter einer Person und wie sich dieser Charakter entwickelt. Der Tugendethiker argumentiert, dass ethische Entscheidungen gemäß unserem eigenen Charakter erlernt werden können. Ethische Theorien können kontrovers sein, wenn sie auf bestimmte Situationen angewendet werden. Theoretische Denkweisen scheitern oft an realen Situationen. Theorien wie Situationsethik haben versucht, dieses Problem zu lösen.*

Vokabular

fügt hinzu (hinzufügen) to add
verhalten to behave
erfand (erfinden) to invent
(ein) Urteil fällen to make a judgement
vertreten to maintain
(die) Haltung the attitude
(der) Stift the pen
(das) Umstrittene the controversy
(der) Pelzmantel the fur coat
(das) Todesurteil the death sentence

unterschreiben to sign
(die) Folgen the consequences
(die) Handlungen the actions
(das) Ergebnis the result
(die) Untersuchung the examination
der Zweck heiligt die Mittel the means justify the end
betrachten to view
beschließen to decide
(der) Aufsatz the essay
schummeln to cheat
besteht (bestehen) to pass an exam
mithalten to keep up
berücksichtigen to take into consideration
(das) Wohl the well-being
anstrebt (anstreben) to strive
oberflächlich superficial
Liebe deinen Nächsten. love your Neighbour.
(der) Rahmen the frame
gesegnet blessed
(die) Wange the cheek
nutze (nutzen) to use
(die) Behandlung the treatment
untersagen to prohibit
(die) Grundversorgung the primary care
erhalten to receive
bewahren to maintain
(das) Leitbild the mission statement
(das) Scheitern the failure

KAPITEL DREI:
ANGEWANDTE ETHIK

*Nach der Vorlesung gehen Ina, Erik und Elisa ins Café de Flore. Die Vorlesung befasste sich mit **angewandter** Ethik. Dabei wurden einige von Professor Aymards Fragen diskutiert.*

Professor Aymard: Die **Anwendung** ethischer Theorien auf reale Situationen ist ein umstrittenes Thema, wie wir in unserer Diskussion über Künstliche Intelligenz gesehen haben. Das sind schwierige und emotionale Themen. Sicherlich standen Sie alle in Ihrem Leben vor ethischen Problemen. Sie sind **unvermeidlich**. Wir fragen uns vielleicht, ob die Philosophie bei einem Dilemma im wahren Leben etwas zu sagen hat. Kant sagt uns, dass es falsch ist, den Mörder anzulügen, der unseren Freund sucht, aber würden Sie ihn nicht trotzdem anlügen? Angewandte Ethik bedeutet, wie wir über die Theorie **hinausgehen** und die **Realisierbarkeit** dieser Theorien in Situationen der realen Welt testen. Die Philosophie kann uns in diesen Situationen helfen. Wir finden ethische Probleme in Krankenhäusern, **Unternehmen**, Gerichten ... Überall dort, wo Entscheidungen getroffen werden, die echte Menschen **betreffen**.

Erik: Sie ist also praxisorientiert, aber gibt es wirkliche Antworten? Wir haben viele Beispiele gesehen, bei denen die Debatte nie endet. Treffen Menschen jemals eine endgültige Entscheidung?

Professor Aymard: Das ist eine gute Frage, und die Antwort lautet ja! Es gibt in diesem Moment Menschen, die ethische Theorien (in welcher Form auch immer) auf reale Lebenssituationen anwenden. Zum Beispiel ein Arzt, der über den Preis und die **Wirksamkeit** der Behandlung eines Patienten mit einer **lebensbedrohlichen** Krankheit nachdenkt. Oder ein Landwirt, der entscheidet, ob er gentechnisch veränderte Pflanzen verwendet, und die Umweltkosten mit seinem Gewinn **abwägt**. Oder der Richter, der entscheidet, ob der Schuldige in einem Prozess ins **Gefängnis** gehen oder **gemeinnützige** Arbeit leisten muss. Entscheidungen wie diese, zum Guten oder Schlechten, werden jeden Tag getroffen. Ich bin sicher, Sie finden selbst Beispiele.

Ina: Aber ist es wirklich so einfach, die gelernten ethischen Theorien auf die Situationen in unserem Leben anzuwenden?

Professor Aymard: Eine weitere gute Frage! In den gerade genannten Beispielen **bezweifle** ich, dass die beteiligten Personen mit Aristoteles' Theorie der Tugend **vertraut** sind. Es geht nicht darum, die Situation durch einen Prozess zu **zwingen**, um zu einer Schlussfolgerung zu gelangen. Dennoch folgt jeder Entscheidungsträger einem ethischen Entscheidungsprozess. Manche denken über die Taten nach, andere über die Folgen und wieder andere über sich selbst. Ich sage nicht, dass die getroffenen Entscheidungen richtig sind, aber sie treffen eine Entscheidung. Die Anwendung der angewandten Ethik variiert. Einige Unternehmen nehmen dies sehr ernst und beschäftigen sogar Ethiker, um komplexe Probleme zu durchdenken.

Erik: Aber die Anwendung ethischer Theorien ist nicht einfach. Treffen die meisten Menschen Entscheidungen nicht aufgrund von Emotionen?

Professor Aymard: Viele tun es. Aber das ist nicht unbedingt gut. Lassen Sie uns ein Beispiel nehmen. Es gab einen Verkehrsunfall. Mehrere Personen wurden schwer verletzt. Ein **Sanitäter** kommt, um die Verletzten zu behandeln. Er stellt fest, dass seine Frau in einem der Autos mitgefahren ist und einen hässlichen **Bluterguss** am Bein hat. Er behandelt sie sofort, weil sie seine Frau ist. **Währenddessen** ist der Fahrer eines anderen Autos **bewusstlos** und braucht dringend Hilfe. In dieser Situation würde die Emotion **verhindern**, dass der richtige Patient behandelt wird. Wir brauchen eine objektive Vision, um das richtige Ergebnis zu erzielen.

Erik: Man könnte aber auch anders argumentieren. Indem er seiner Frau hilft, sorgt er für sein eigenes Glück und das seiner Familie. Er denkt an verschiedene Konsequenzen.

Professor Aymard: Aus individueller Sicht, ja. Ein wichtiger Punkt in der angewandten Ethik ist die Anwendung der Objektivität. Wir müssen über uns hinausschauen, um zu sehen, was die Situation verlangt. Es ist nicht einfach und wir machen oft Fehler. Aber das richtige Durchdenken ist der Schlüssel, um ethisches Denken auf wahre Situationen anzuwenden.

Ina, Erik und Elisa verlassen die Klasse. Sie kommen im Café de Flore an und setzen sich an einen Tisch.

Ina: Ich habe das Gefühl, dass wir die Philosophie wirklich auf Ideen aus der realen Welt angewendet haben.

Elisa: Ich auch. Es ist faszinierend, wie ethische Theorien verwendet werden können, um Entscheidungen über Probleme der realen Welt zu treffen.

Erik: Endlich ist die Philosophie für etwas gut!

Ina: Das glaubst du nicht wirklich, Erik ...

Erik: Das war nur ein **Witz**. Jetzt verstehe ich die Bedeutung der Philosophie. Sie hilft uns, über die Welt um uns herum nachzudenken. Aber Ethik ist besonders auf Situationen der realen Welt **anwendbar**. Jede Minute müssen Hunderte von ethischen Entscheidungen getroffen werden. Wie treffen Menschen schwierige Entscheidungen ohne Philosophie?

Ina: Ich fand es sehr interessant, die Theorien auf reale Situationen anzuwenden. Aber ich glaube nicht, dass die meisten Leute so denken. Die meisten Entscheidungen werden spontan getroffen. Wir denken nicht unbedingt zu viel über sie nach oder überlegen, was Aristoteles, Kant oder die Utilitaristen sagten. Es ist, wie du gesagt hast, Erik: Emotionen **regieren** die Welt.

Elisa: Professor Aymard sagt das auch. Aber er sagte auch, dass eine gute philosophische Ausbildung uns hilft, über Dinge nachzudenken, ohne zu **merken**, dass wir es tun. Die meisten Menschen reagieren emotional, aber manchmal können unsere Emotionen uns **überwältigen**. Wir sollten immer versuchen, Dinge rational zu durchdenken und die richtige Entscheidung zu treffen, die für uns auf persönlicher Ebene **möglicherweise** nicht die **vorteilhafteste** ist. Hier kommt die angewandte Ethik ins Spiel.

Ina: Ich hätte nie gedacht, dass ethische Theorien in so vielen Bereichen Anwendung finden könnten: Medizin, Recht, Umwelt, Politik, Wirtschaft … Sie sind überall!

Robert bringt ein Tablett mit Getränken. Es ist ein heißer Tag in Paris und Ina, Erik und Elisa sind dankbar für etwas **Abkühlung***.*

Robert: Was war das heutige Thema? Mehr Sartre?

Erik: Nein, nicht Sartre. Angewandte Ethik. Wir haben über Künstliche Intelligenz gesprochen.

Robert: Dazu gab es bestimmt verschiedene Meinungen.

Ina: Warum meinst du das?

Robert: Die angewandte Ethik verwendet Philosophie in Situationen der realen Welt. Menschen **neigen** dazu, zu solchen Themen eine starke Meinung zu haben. Krieg, Medizin, Umwelt … Über all diese Dinge streiten sich die Menschen gerne. Warum? Weil sie wichtig sind.

Elisa: Deshalb hat Professor Aymard bis jetzt damit gewartet. Wir haben gelernt, wie wichtig eine respektvolle Debatte sei. Philosophie besteht nicht darin, lauter zu schreien als die anderen. Es geht darum, zuzuhören, was andere sagen, und **angemessen** darauf zu reagieren.

Robert: Ganz genau. Es ist wichtig zu lernen, wie man richtig debattiert, bevor man sich auf Debatten über emotionale Themen **einlässt**. Was habt ihr über Künstliche Intelligenz gelernt?

Erik: Wir fragten uns, ob wir zu Robotern nett sein sollen.

Robert: Interessant! Was meint ihr?

Ina: Ich argumentierte, dass es immer das Richtige ist, nett zu sein. Dabei spielt es keine Rolle, ob es sich um einen anderen Menschen, ein Tier oder einen Roboter handelt. Es ist immer richtig, freundlich zu sein. Ich weiß, dass jeder sagen wird, dass ich Kant zustimme, aber in diesem Fall sehe ich keinen Grund, zu einem Roboter unhöflich zu sein. Wenn ich immer nett bin, dann ist es egal, zu was oder zu wem ich nett bin. Es ist die Tatsache, dass ich nett bin.

Robert: Aber weiß der Roboter wirklich, dass du nett zu ihm bist? Wenn ich zum Roboter sage „Bring mir einen Drink", ist das etwas anderes als „Kannst du mir bitte einen Drink geben"? Wenn ein Roboter nichts fühlen kann, kann ich ihn nicht **beleidigen** oder traurig machen. Er wurde entwickelt, um Getränke zu bringen. Es ist ein Roboter, der Getränke serviert. Was nützt es, bitte oder danke zu sagen?

Ina: Angenommen, er hätte Gefühle. Was dann? Du bist Existentialist, Robert. Wenn er dich wie einen Roboter behandeln würde, der Getränke serviert, anstatt wie einen Menschen, würdest du dich ziemlich schlecht fühlen. Wenn die Existenz der Essenz vorausgeht, wie Sartre sagte, dann existiert der Roboter, bevor er dazu gebracht wird, Getränke zu servieren.

Robert: Das ist ein gutes Argument, aber Roboter sind keine Menschen. Der Roboter wurde zum Servieren von Getränken entwickelt. Sartres Worte **gelten** nicht für ihn. Seine Existenz und sein Wesen sind dasselbe. Sonst wäre ich nett zu ihm … und sei es nur, weil er sich gegen mich **wenden** könnte.

Erik: Dann bist du ein Konsequentialist. Ich sagte das Gleiche. Wenn Nettigkeit zum Roboter ihn daran hindert, die Welt zu **übernehmen**, dann ist das ein guter Grund, nett zu sein. Aber du hast recht, Robert. Es hängt alles davon ab, ob der Roboter weiß, dass ich nett zu ihm bin oder nicht. Er dient zum Servieren von Getränken. Das tut er. Ein Mensch ist für nichts gemacht. Wir erschaffen uns selbst und unsere eigene Identität.

Elisa: Ich dachte, dass die Interaktion mit dem Roboter eine gute Möglichkeit wäre, Tugenden zu kultivieren. Du könntest üben, freundlich, **großzügig** oder fair zu sein. Es spielt keine Rolle, ob der Roboter weiß, was ich tue oder nicht. Es hilft mir, eine bessere Person zu sein. Glaubt ihr, dass Roboter eines Tages in der Lage sein werden, Emotionen zu fühlen und selbstständig zu denken?

Erik: Das tun sie teilweise schon. Schachcomputer können menschliche Gegner schlagen und soziale Medien können **vorhersagen**, was wir sehen und kaufen wollen.

Elisa: Aber das ist nicht dasselbe, wie wir denken. Es ist nicht dasselbe, wie sich glücklich oder traurig zu fühlen. Ein Computer kann diese Dinge nicht fühlen, selbst wenn er darauf programmiert ist, vorab festgelegte Antworten über Glück oder Traurigkeit zu geben. Das ist nicht dasselbe wie unsere Gefühle.

Robert: Aber was meinst du mit „denken", Elisa? Ein Computer kann denken, wenn wir davon sprechen, Ergebnisse aus **Eingabedaten** zu **liefern**. Sie können uns sagen, dass 2+2=4 ist. Aber das ist nicht dasselbe wie eine Emotion zu fühlen und darauf zu reagieren. Ich bin froh, dass Computer nicht denken können und ich werde sicherlich nicht nett zu meinem Laptop sein, wenn er heute Nacht zum x-ten Mal **abstürzt**!

Robert geht wieder hinter den Tresen.

Ina: Einige der diskutierten Themen waren wirklich schwierig. Es ist schwierig, über Situationen zu sprechen, die echte Menschen betreffen. Ich **beneide** niemanden, der ethische Entscheidungen treffen muss, insbesondere in der Medizin.

Erik: Du meinst Ärzte? Ärzte legen einen **Hippokratischen Eid** ab. Sie versprechen, niemals **Schaden anzurichten**.

Elisa: Aber das kann auch schwierig sein. Es ist wie Joseph Fletcher und sein „liebendes Handeln". Was verstehen wir unter „Schaden"? Wenn ein Arzt zwanzig Patienten **versorgt** und einer die ganze Zeit auf Kosten der anderen behandelt wird, was dann?

Ina: Ich beneide diese Entscheidung nicht. Aber der Arzt müsste entscheiden, welche Folgen es hätte, wenn er nicht so viel Zeit damit verbringen würde, sich um jemanden zu kümmern.

Erik: Oder was die Folgen der **Vernachlässigung** der anderen Patienten wären.

Ina: Genau. Ich glaube, dass eines der wichtigsten Themen in der angewandten Ethik die Umwelt ist. Medizinische oder Wirtschaftsethik kann bestimmte Menschen betreffen, aber Fragen zur Umwelt betreffen uns alle. Sollen wir weiterhin **fossile Brennstoffe** nutzen? Sollten wir Billigflüge kaufen? Sollten wir uns vegetarisch **ernähren**? Das sind wichtige Fragen, die Konsequenzen für die Zukunft aller haben.

Erik: Ich werde nicht aufhören, Fleisch zu essen. Ich habe kein Auto und gehe überall in Paris zu Fuß. Aber ich mag mein Essen, besonders *Steak Tartar*!

Elisa: Ich bin überrascht, dass du *Steak Tartar* isst. Ist das nicht **rohes** Fleisch? Das klingt **eklig**!

Erik: Ja, aber es schmeckt **köstlich**. Es gibt ein Restaurant an der Seine, wo es das beste Steak Tartar gibt. Am liebsten würde ich jetzt eins essen.

Ina: Du würdest also der Umwelt oder zukünftigen Generationen zuliebe nicht auf Fleisch verzichten?

Erik: Ich verstehe nicht, welchen Unterschied mein Verzicht auf Fleisch macht, wenn Menschen um die Welt fliegen und riesige **CO_2-Fußabdrücke** hinterlassen und große Unternehmen fossile Brennstoffe für Profit verbrennen. Ich kann nichts daran ändern.

Ina: Wenn wir alle es täten, könnten wir etwas ändern. Kleine **Veränderungen** können eine große **Wirkung** haben, wenn wir uns alle **anstrengen**. Aber ja, es ist schwer, den Sinn zu sehen, wenn der Gewinn wichtiger ist als die Umwelt.

Elisa: Gleichzeitig möchten wir alle einen bestimmten Lebensstil führen. Auf Fleisch zu **verzichten**, scheint sinnvoll zu sein, aber es **bedarf** einer viel radikaleren Veränderung, um den Klimawandel zu bekämpfen.

Erik: Ich frage mich, was Kant sagen würde.

Elisa: Ihr wisst, was ich sagen würde: „**Sorgt** immer für die Umwelt." Es ist schwierig, eine rein handlungsbasierte Ethik auf eine Umweltsituation anzuwenden. Viele Handlungen mögen schlecht sein (wie zum Beispiel das Essen einer einzigen Portion *Steak Tatar*), aber die Folgen könnten schlimmer sein, wenn wir weiterhin so viel Fleisch essen wie jetzt.

Erik: Angewandte Ethik besteht darin, zu bestimmen, ob die Handlung oder die Folgen wichtiger sind. Manchmal ist es die Handlung selbst und manchmal die Konsequenz dieser Handlungen.

Elisa: Ich würde das so sehen, ja. In diesem Fall kennen wir die Folgen, wenn wir unser Handeln nicht ändern. Hinzu kommt, dass es nicht nur um Einzelpersonen geht. Wir alle müssen unser Handeln ändern, um die Folgen zu vermeiden.

Ina: Es ist **beängstigend**, darüber nachzudenken, was passieren könnte, wenn wir es nicht tun. Es ist eine Sache, darüber nachzudenken, aber eine andere, zu sehen, wie es passiert.

Elisa: Genau das ist die Herausforderung der angewandten Ethik. Es ist nicht mehr nur eine Sessel-Philosophie …

Kernaussagen:

- *Angewandte Ethik ist ein breites Studiengebiet, das so unterschiedliche Themen wie Medizin, Recht, Sport, Politik und Umwelt umfasst. Die Anwendung ethischer Theorien wie Handlungsethik, Konsequentialismus oder Tugendtheorie auf reale ethische Situationen kann zu interessanten Ergebnissen führen. Oft sind die behandelten Themen kontrovers und führen zu **hitzigen** Debatten. Es ist wichtig, **unvoreingenommen** an Diskussionen teilzunehmen, auch wenn wir mit den Gesprächspartnern nicht einer Meinung sind. Es ist **anzunehmen**, dass die meisten ethischen Entscheidungen auf einer emotionalen Reaktion beruhen, aber wenn wir nicht objektiv über die Situationen nachdenken, kann dies problematische Folgen haben.*

Vokabular

angewandter applied
(die) Anwendung the application
unvermeidlich unavoidable
hinausgehen to go beyond
(die) Realisierbarkeit the feasibility
(das) Unternehmen the company
betreffen to concern
(die) Wirksamkeit the effectiveness
lebensbedrohlichen life-threatening
abwägt (abwägen) to weigh up, to balance
(das) Gefängnis the prison
gemeinnützige non-profit, charitable
bezweifle (bezweifeln) to doubt
vertraut familiar
zwingen to force
(der) Sanitäter the paramedic
(der) Bluterguss the bruise
währenddessen meanwhile
bewusstlos unconscious
verhindern to prevent
(der) Witz the joke
anwendbar applicable
regieren to rule
merken to notice
überwältigen to overwhelm
möglicherweise possibly
vorteilhafteste most advantageous
(die) Abkühlung the cooling-off
neigen to tend
angenommen (annehmen) to assume, to suppose
einlässt (einlassen) to let in
beleidigen to insult
gelten to count
wenden to turn (around)
übernehmen to take over
großzügig generous
vorhersagen to predict
(die) Eingabedaten the input data
liefern to deliver
abstürzt (abstürzen) to crash

(der) Hippokratische Eid the Hippocratic Oath
Schaden anzurichten (Schaden anrichten) to cause damage
versorgt (versorgen) to look after
(die) Vernachlässigung the neglect
(die) fossilen Brennstoffe the fossil fuels
ernähren to feed, to nourish
rohes raw
eklig disgusting
köstlich delicious
(die) CO2-Fußabdrücke the CO2-footprints
(die) Veränderungen the changes
(die) Wirkung the effect, the impact
anstrengen to make an effort
verzichten to waive, to do without
bedarf (bedürfen) to require
sorgt (sorgen) to care for
beängstigend scary
hitzigen heated
unvoreingenommen unbiased, impartial
anzunehmen (annehmen) to assume

KAPITEL VIER: PHILOSOPHIE IN DER RELIGION

Ina, Erik und Elisa besuchen die Notre Dame, um die **Wiederaufbauarbeiten** *nach dem* **verheerenden Brand** *zu sehen. Sie sitzen auf einer Bank und diskutieren über ihre letzte Vorlesung zum Thema Religionsphilosophie.*

Elisa: Ich liebe die Notre Dame. Ich weiß noch, als ich sie zum ersten Mal mit meinen Eltern sah, als ich ein kleines Mädchen war. Schade, dass sie im Moment geschlossen ist. Ich bin **gespannt**, wie sie nach der Restaurierung aussehen wird.

Ina: Ich habe gehört, dass es viele Kontroversen zur Restaurierung gibt. Manche wollen sie genau so wieder **aufbauen** wie früher, andere bevorzugen ein komplett neues Design, das eine moderne Perspektive **widerspiegelt**.

Elisa: Das unterscheidet sich nicht so sehr von der Religion selbst. Einige Menschen **halten** an traditionellen Ansichten **fest** und andere möchten Überzeugungen modernisieren, um sie an veränderte Zeiten **anzupassen**. Wie fandet ihr die Vorlesung zur Religion in der Philosophie? Ist es nicht **erstaunlich**, wie die Religion immer noch einen solchen Einfluss auf die Welt hat? In Europa leben wir in einer sehr säkularen Gesellschaft, aber auch hier spielt die Religion noch eine wichtige Rolle, genauso wie in anderen Teilen der Welt.

Erik: Ich fand die Vorlesung sehr interessant. Bisher dachte ich, dass die Religionsphilosophie nur Argumente für die Existenz Gottes hat, wie wir es beim Studium der mittelalterlichen Philosophie gelernt haben.

Elisa: Aber es ist viel mehr als das. Einige Themen in der Religionsphilosophie sind die religiöse Sprache, wie wir über Gott sprechen, das Problem des Bösen, **Wunder** und ob Gott existiert.

Ina: Glaubst du an Wunder, Elisa? Ich weiß, dass du **gläubig** bist, aber glaubst du wirklich an all die Wunder, die geschehen sein sollen?

Elisa: Es ist schwer, all die Wunder zu glauben, die aufgeschrieben wurden. Einige Dinge, die damals als Wunder galten, werden heute mit wissenschaftlichen Beweisen erklärt. Andere bleiben ungeklärt. Aber ich glaube, dass einige Menschen auf wundersame Weise geheilt wurden und dass es Wunder gibt, die nicht anders erklärt werden können, als dass sie, naja ... wundersam sind!

Erik: Ich denke, es kommt alles auf Tests an. Das würden die Empiriker sagen.

Ina: Du bist jetzt also auf der Seite der Empiriker?

Erik: Nicht unbedingt. David Hume definierte ein Wunder als „**Verletzung** der Naturgesetze". Es ist wahrscheinlich, dass die Gesetze der Wissenschaft nicht verletzt wurden. Also sind aller Wahrscheinlichkeit nach die meisten Wunder falsch, weil es nie genug Beweise gibt.

Elisa: Du **schließt** die Möglichkeit aber nicht vollständig **aus**, oder? Es hängt davon ab, die Definition zu akzeptieren, dass ein Wunder etwas ist, das der allgemeinen **Wahrnehmung widerspricht**. Wenn zum Beispiel Wasser Feuer zu 99 % löscht, aber beim hundertsten Versuch nicht, ist das ein Wunder?

Erik: Ein Wunder ist eine Tat Gottes, aber das hängt auch von der Existenz Gottes ab. In der Bibel wird ein wundersames Ereignis immer Gott zugeschrieben.

Ina: Daher müssen wir die Existenz Gottes beweisen, bevor wir darüber sprechen können, dass Gott Wunder vollbringt.

Erik: Aber können wir sinnvoll über Gott sprechen? Das ist der Ausgangspunkt der Religionsphilosophie. Macht es Sinn, über Gott, den Himmel oder Wunder zu sprechen? Erinnert ihr euch an die Korrespondenztheorie der Wahrheit? Sie besagt, wenn etwas nicht dem entspricht, wie die Dinge in der Welt sind, dann können wir nicht sinnvoll darüber sprechen. Mit anderen Worten: Ich kann den Himmel nicht sehen oder selbst erleben, also ist es sinnlos, darüber zu sprechen. Das würden manche Leute sagen. Erinnert ihr euch an Wittgenstein?

Elisa: Aber wir reden über diese Dinge. Wir haben Konzepte dafür. Wir stellen uns Gott, Himmel und Wunder vor. Wir sprechen über sie.

Erik: Aber es ist ein Unterschied, ob man über Dinge spricht, die der Art und Weise entsprechen, wie die Welt ist, und ob man über Dinge spricht, die über unsere Erfahrungen hinausgehen. Die Rationalisten haben das gemerkt. Descartes glaubte an Gott, **erfuhr** ihn aber nicht. Er glaubte an Gott, weil seine Vernunft es ihm sagte.

Ina: Das Problem ist, dass wir diese Art von Sprache ständig verwenden. Wir unterscheiden nicht, wie wir vor uns über die Kirche sprechen und wofür sie steht. Es gibt auch einen Unterschied, wofür die Sprache ist. Stellt euch das so vor: Wenn die Wissenschaft Fragen darüber stellt, „wie" die Welt funktioniert, stellen Religion und Philosophie Fragen darüber, „warum" sie so funktioniert.

Elisa: Professor Aymard nannte das Beispiel der **Lichtung** im Wald. Zwei Entdecker sind im Dschungel und stoßen auf eine offene Lichtung mit Blumen und **Gestrüpp**. Einer der Entdecker behauptet, dass es einen Gärtner geben muss, der sich um die Pflanzen kümmert. Der andere **bestreitet** es. Sie warten und beobachten, aber es kommt kein Gärtner. Der erste Entdecker **deutet an**, dass der Gärtner unsichtbar sein könnte. Der zweite bestreitet es.

Erik: Ich verstehe das Beispiel nicht.

Elisa: Das Beispiel stammt von einem britischen Philosophen namens John Wisdom. Die Frage ist: Wie unterscheidet man einen unsichtbaren Gärtner von einem nicht existierenden? Es geht um Wahrnehmung und wie wir Dinge interpretieren. Einer der Entdecker interpretiert das, was sie sehen, als Beweis eines Gärtners. Der andere bestreitet es. Können wir gegen eine Interpretation argumentieren? Religiöse Sprache ist genau so. Es ist eine besondere Art und Weise, wie wir unsere Visionen von der Welt organisieren.

Erik: Als würde man die Dinge durch eine bestimmte Brille sehen?

Elisa: Genau. Was wir über Religion sagen oder denken, ergibt Sinn im Zusammenhang mit unserer Sicht der Welt. Wer nicht an Gott glaubt, wird Gott nicht in der Welt wirken sehen. Aber wer Christ ist, wird die Welt durch die Brille des Christentums interpretieren. Wir alle haben Denkweisen über Dinge, und diese Dinge ergeben für andere nicht immer einen Sinn. Ich bin Christ, also sehe ich die Dinge durch eine christliche Brille, aber ein Buddhist würde die Dinge ganz anders sehen.

Ina: Wir haben nicht über den Buddhismus oder irgendeine andere orientalische Philosophie gesprochen. Wir haben uns nur das westliche Weltbild angesehen. Man vergisst leicht, dass Menschen in anderen Teilen der Welt ganz anders über diese Fragen nachgedacht haben. Und nicht nur über Religion. Die philosophische Perspektive würde uns ganz anders erscheinen.

Erik: Wie denn?

Ina: Ein Beispiel ist die Zeit. In der westlichen Philosophie wird die Zeit oft als linear angesehen. In orientalischen Ländern wird sie allgemein als zyklisch angesehen. Das hat Auswirkungen auf die Art und Weise, wie wir unser Leben sehen. Im Westen denken wir oft, dass unser Leben einen Anfang und ein Ende hat, aber im Orient wird das Leben als ein Kreis betrachtet.

Elisa: Wirklich? Sicherlich sahen die Menschen im Westen bestimmte Dinge als zyklisch an. Nietzsche glaubte an die Idee der **ewigen Wiederkehr**: Wenn wir sterben, wiederholen wir unser Leben genau so wie zuvor. Machiavelli dachte auch, dass die Zeit zyklisch sein könnte.

Ina: Es war und ist immer noch die vorherrschende Meinung. Ich sage nicht, dass alle so dachten. Aber erinnerst du dich, was Heraklit sagte? Du kannst nicht zweimal im selben Fluss baden. Alles ist in ständiger Veränderung und Bewegung. Die einfachste Art, sich das vorzustellen, ist eine Linie, die vorwärts geht. Vielleicht ist es falsch, diese Etiketten einer geraden Linie und eines Kreises auf etwas anzuwenden, das nicht physisch ist. Aber es hilft, sich es vorzustellen.

Erik: In der orientalischen Kunst gibt es viele Kreise. Ich habe sie oft auf meiner Reise nach Thailand gesehen. Es hat mit Reinkarnation zu tun, richtig?

Ina: Im Hinduismus ist das als *Samsara* bekannt: der **Kreislauf** von Geburt, Tod, Leben und Wiedergeburt. Einige Traditionen glauben, dass die Wiedergeburt auf andere Weise stattfindet. Vielleicht als ein anderes Tier. Zeit als zyklisch zu sehen bedeutet auch, die Welt und ihre **Funktionsweise** anders zu sehen. Unser Leben spiegelt die sich verändernde Welt wider. Alles ist zyklisch. Auch einige der frühen griechischen Philosophen glaubten daran.

Elisa: Die Jahreszeiten sind so. Auch die Art und Weise, wie sich die Welt um die Sonne dreht. Es gibt viele zyklische Dinge in der Natur. Ich möchte mehr darüber erfahren.

Ina: Ich auch. Ich frage mich, ob Professor Aymard uns mehr darüber erzählen kann.

Erik: Viele der Themen sind recht ähnlich. Auch wenn es unterschiedliche Perspektiven gibt.

Ina: Wie das Problem des Bösen.

Erik: Darüber haben wir in der Vorlesung zu Leibniz gesprochen, richtig?

Ina: Genau, aber das Problem des Bösen ist eine Frage, die Philosophen und Theologen immer diskutieren. Sie ist wesentlich für die Religionsphilosophie. Wenn Gott die Welt erschaffen hat und wenn Gott **allmächtig** und gut ist, warum gibt es dann das Böse auf der Welt?

Erik: Vielleicht ist Gott nicht allmächtig oder **gütig**, oder vielleicht ist die Vorstellung, dass Gott das Böse **verhindern** will, falsch.

Ina: Aber was bleibt uns übrig? Das Christentum lehrt, dass Gott allmächtig und gut ist. Daher ist das Problem des Bösen ein sehr reales Problem, wenn man Gläubiger ist. Was denkst du, Elisa?

Elisa: Das ist definitiv ein großes Problem. Aber wir vergessen, dass Gott uns einen freien Willen gibt. Die Freiheit, zwischen Gut und Böse zu wählen. Erinnert ihr euch an Thomas von Aquin und das Naturrecht? Unser Gewissen kann uns zur richtigen Entscheidung führen, aber es kann uns nicht zwingen, das Beste zu tun.

Erik: Existiert also das Böse, weil manche Menschen sich dafür entscheiden, böse Taten zu **begehen**?

Elisa: Das ist eine **Betrachtungsweise**. Es ist wie John Miltons episches Gedicht *Paradise Lost*. Es erzählt die Geschichte von Adam und Eva und ihrer **Vertreibung** aus dem Garten Eden, weil sie die verbotene Frucht gegessen haben. Es ist eine Geschichte über den Kampf zwischen Gut und Böse. Der heilige Irenäus[4] sagte, dass

---

[4] Der heilige Irenäus war ein frühchristlicher Bischof (geb. 130 n. Chr.), der viel dazu beigetragen hat, die Theologie und Lehre der Kirche zu definieren. **Ursprünglich** aus der heutigen Türkei, verbrachte er einen Großteil seines **Dienstes** im heutigen Frankreich.

der freie Wille etwas Gutes sei. Die Nutzung gibt uns die Möglichkeit, zu wachsen und zu lernen. Wir müssen Gutes und Schlechtes erfahren, um bessere Menschen zu werden. Aber es **versetzt** uns in eine Position der Verantwortung für unsere eigenen Entscheidungen, so wie Adam und Eva im Buch Genesis für sich selbst entdeckt haben.

Ina: Könnten wir also das Gute nicht ohne das Schlechte verstehen?

Elisa: Genau, obwohl Augustinus sagte, dass Gut und Böse keine gegensätzlichen Kräfte seien. Das Böse ist die Abwesenheit des Guten, genauso wie die **Dunkelheit** die Abwesenheit des Lichts ist. Es hat keinen Sinn, das Böse zu **leugnen**. Wir können es überall sehen: Krieg, Kriminalität, Ungleichheit zwischen den Nationen. Die Frage ist, wie wir darauf reagieren. Wenn wir ein gutes Leben führen können, können wir das Böse, das in der Welt existiert, nach und nach überwinden.

Erik: Und was ist mit Gott? Ist er gütig und allmächtig?

Elisa: John Hick, ein Philosoph und Theologe des 20. Jahrhunderts, dachte das. Das Böse ist etwas, das überwunden werden muss. Erinnert ihr euch, was Leibniz gesagt hat? Wir leben in der „besten aller möglichen Welten", aber das bedeutet nicht, dass sie perfekt ist. Vermutlich hätte Gott eine Welt ohne Böses erschaffen können. Aber wäre es gut, uns alle in moralische Roboter zu verwandeln, die immer Gutes tun? Ist es nicht besser, uns selbst entscheiden zu lassen, was richtig und was falsch ist?

Ina: Leider liegen wir nicht immer richtig.

Elisa: Nein, und da kommt die Philosophie ins Spiel!

Erik: Ein weiterer praktischer Nutzen für die Philosophie!

Kernaussagen:

- *Die Religionsphilosophie umfasst unterschiedliche Themen wie religiöse Sprache, Wunder und das Problem des Bösen. Es geht nicht nur um die Argumente für die Existenz Gottes, und es geht nicht nur um Fragen des Christentums. Parallel zur Entwicklung der westlichen Philosophie ist die orientalische Philosophie ein faszinierendes Thema, das umfassend studiert wurde. Religiöse Traditionen wie der Buddhismus, Hinduismus, Sikhismus usw. haben eigene parallele philosophische Traditionen hervorgebracht.*

Vokabular

(die) Wiederaufbauarbeiten the reconstruction works
verheerenden devastating
(der) Brand the fires
gespannt curious
aufbauen to build
widerspiegelt (widerspiegeln) to reflect
halten fest (festhalten) to hold onto
anzupassen (anpassen) to adjust
erstaunlich astonishing
(das) Wunder the miracle
gläubig faithful
(die) Verletzung the violation
schließt aus (ausschließen) to rule out
(die) Wahrnehmung the perception
widerspricht (widersprechen) to contradict
erfuhr (erfahren) to experience, to learn
(die) Lichtung the glade
(das) Gestrüpp the undergrowth
bestreitet (bestreiten) to deny

deutet an (andeuten) to imply
ewigen eternal
(die) Wiederkehr the return
(der) Kreislauf the cycle
(die) Funktionsweise the functionality
allmächtig omnipotent
gütig benevolent
verhindern to prevent
(die) Betrachtungsweise the perspective
(die) Vertreibung the expulsion
ursprünglich originally
(der) Dienst the service
versetzt (versetzen) to put in a position
(die) Dunkelheit the darkness
leugnen to deny
überwinden to overcome

KAPITEL FÜNF:
ÄSTHETIK

Nach der Vorlesung besuchen Ina, Erik und Elisa den Louvre. Sie sehen eine Ausstellung moderner Kunst sowie bestimmte Gemälde, die Professor Aymard in seiner letzten Vorlesung über Ästhetik besprochen hat.

Professor Aymard: Die Ästhetik ist einer der ältesten Zweige der Philosophie. Seit der Mensch über das bloße Überleben hinausgegangen ist und Objekte nur zum Vergnügen geschaffen hat, gibt es Ästhetik. Die **Höhlenmalereien** von Lascaux in der Dordogne sind eines der frühesten Beispiele dafür, wie Menschen Bilder zum Zwecke des ästhetischen **Vergnügens erschaffen**. „Ohne Musik wäre das Leben ein Irrtum", sagte einmal unser alter Freund Friedrich Nietzsche. Ich würde hinzufügen, dass unser Leben ohne Kunst, Musik, Malerei, Bildhauerei und Theater ärmer wäre. Bei der Ästhetik geht es nicht nur darum, Gemälde zu **schätzen**. Wir sind **Geschöpfe**, die Schönheit in der Welt um uns herum sehen. Das Studium der Ästhetik hilft uns, diese Schönheit als das zu schätzen, was sie ist.

Ina: Weil Schönheit nicht nur Kunst ist?

Professor Aymard: Genau. Denken Sie an Ihre Lieblingslandschaft. Meine ist ein Sonnenblumenfeld in der Provence oder die schneebedeckten Berge der Alpen. Es gibt dort so viel Schönheit wie in einem der großartigen Gemälde, das Sie heute im Louvre sehen werden. Es gab eine Zeit, in der Ästhetik auf Kunstphilosophie reduziert wurde, aber die Fragen zur Ästhetik sind umfassender: Was ist Kunst? Wann ist es Kunst? Wie ist die Kunst? Warum ist es Kunst? Es ist das Studium unserer Sinne. Ich kenne einen Philosophen, der einen ausgezeichneten Artikel über Kants Geschmackstheorie in Bezug auf Wein geschrieben hat! Das bringt mich zu meinem letzten Punkt. Ich habe Ihnen eine Liste von Gemälden gegeben, die Sie sich ansehen können. Versuchen Sie dabei, einige Fragen zu beantworten. Der Louvre ist eine klassische Galerie. Sie werden dort nicht viel „moderne" Kunst finden, aber einige der großen Klassiker der europäischen Malerei. Sie können selbst entscheiden, was Sie davon halten.

Ina, Erik und Elisa verlassen die Vorlesung und gehen gemeinsam zum Louvre, einer der größten Galerien der Welt. Sie haben freien Eintritt, weil sie unter 26 Jahre alt sind.

Erik: Also werden wir heute alleine philosophieren?

Ina: So ist es. Könnt ihr glauben, dass ich seit zwei Jahren in Paris lebe und noch nie im Louvre war?

Elisa: Das kann nicht dein Ernst sein. Ich bin hier bestimmt schon hundertmal gewesen. Ich liebe es, verschiedene Teile des Museums zu **erkunden**. Es gibt viel zu sehen, nicht nur die berühmtesten Gemälde.

Erik: Aber das werden wir heute tun. Professor Aymard gab uns eine Liste von Gemälden, die wir uns ansehen sollen. Und einige Fragen, die wir beantworten sollen.

Elisa: Fragen zum Nachdenken, nicht zum Beantworten. Du weißt, dass es niemals Antworten auf Fragen gibt, sondern nur Möglichkeiten!

Ina, Erik und Elisa gehen durch das Museum. Ihre erste Station ist das Porträt der Mona Lisa.

„Mona Lisa" von Leonardo da Vinci (zwischen 1503 und 1506)

Ina: Ich mag es nicht wirklich. Ich mag ihren **Gesichtsausdruck** nicht, ihre Kleidung oder ... fast gar nichts.

Elisa: Du magst die Mona Lisa nicht? Wie kannst du das sagen? Es ist ein **Meisterwerk**. Es ist das beste Gemälde von Da Vinci. Es ist ein **Kunstwerk**. Das ist Kunst!

Erik: Aber sind wir nicht deswegen hier? Wir sollten über Ästhetik und Philosophie der Kunst sprechen. Geschmack gehört dazu. Warum mögen manche Menschen bestimmte Kunstwerke und andere nicht? Was macht ein Gemälde schön? Nur weil viele Leute denken, dass dies das Werk eines Genies ist, heißt das nicht, dass wir dasselbe denken.

Ina: Genau. Wir alle nehmen Schönheit auf unterschiedliche Weise wahr. Zumindest erkennen wir Schönheit auf unterschiedliche Weise. Es ist wie Essen. Manche Leute mögen einen Geschmack, andere mögen einen anderen. Das bedeutet nicht, dass einer dieser Geschmäcker schlecht ist, sondern dass verschiedene Menschen unterschiedliche **Vorlieben** haben.

Erik: Wie Platon schon sagte … Dieses Gemälde mag Merkmale haben, die es schön machen, aber das bedeutet nicht, dass es vollkommen schön ist. Es kommt darauf an, wie wir es betrachten.

Ina: Es geht darum, unseren Sinnen zu vertrauen. Erkennt ihr, dass unsere Sinne uns verschiedene Dinge über dasselbe Objekt sagen können? Wenn ich mir dieses Bild anschaue, sehe ich etwas, das mir nicht gefällt, aber wenn Elisa es ansieht, sieht sie etwas, das ihr gefällt.

Erik: Schönheit liegt also im Auge des Betrachters?

Ina: So kann man es sehen! Was steht als Nächstes auf Professor Aymards Liste?

Elisa guckt auf die Liste, die Professor Aymard ihnen gegeben hat.

Elisa: *Ansicht eines Innenraums,* von Samuel van Hoogstraten, **auch bekannt als** *Die Pantoffeln.*

„Die Pantoffeln" von Samuel van Hoogstraten (zwischen 1642 und 1678)

Erik: Ich mag es, aber man sieht nicht viel, oder? Es ist nur ein Blick auf ein Zimmer mit Hausschuhen an der Tür.

Elisa: Es könnte dein Zimmer sein, Erik.

Erik: Genau, man sieht nichts Wichtiges. Es ist nur ein Raum mit ein paar Möbeln. Es ist gut gemalt, aber das war es auch schon.

Ina: Aber ist das das Ziel der Kunst? Sinnvolle Dinge zeigen? Was ist mit abstrakten Gemälden oder modernen Skulpturen? Auch hier geht es nicht nur darum, ob es gefällt oder nicht.

Elisa: Und was verstehen wir **überhaupt** unter Kunst? Das ist eine von Professor Aymards Fragen. Ist Kunst, was in einer Galerie hängt? Ist Kunst nicht das, was wir als Kunst wahrnehmen?

Erik: Das ist Kunst. Gemälde und Skulpturen. Dinge, die in Museen ausgestellt werden. Das ist Kunst.

Ina: Nur weil wir es sagen. Manche Kunstwerke sind umstritten. Hast du von Marcel Duchamp gehört? Er war ein französischer Künstler, der ein Urinal in einer Kunstgalerie ausstellte und es ein Kunstwerk nannte.

Erik: Das ist verrückt. Das kann keine Kunst sein.

Ina: Es wurde für fast zwei Millionen Dollar gekauft. Es ist eines der ersten Beispiele zeitgenössischer Kunst. Aber ich glaube nicht, dass es jemals hier ausgestellt wird. Es hängt alles davon ab, wie man Kunst definiert.

Elisa: Es gibt noch ein weiteres Werk auf unserer Liste. Schnell, lasst es uns ansehen.

Ina, Erik und Elisa gehen durch die Galerie zu dem neuesten Kunstwerk, das Professor Aymard ihnen empfohlen hat.

Ina: Eine Skulptur.

Erik: *Die* Skulptur. Es ist die *Venus von Milo*, neben Michelangelos *David* die berühmteste Skulptur der Welt.

Ina: Ich frage mich, warum wir sie uns ansehen sollen. Das Gesicht ist schön und der Körper auch. Aber die Statue ist kaputt und sie hat keine Arme.

Elisa: Vielleicht ist genau das der Grund. Du findest, dass sie kaputt ist. Die Frage ist also, ob ein **unvollständiges** Kunstwerk immer noch als Kunst **betrachtet** werden kann.

Erik: Aber die Statue wurde nicht geschaffen, um ein Kunstwerk zu sein, oder? Das ist eine Statue einer Göttin, richtig? Wahrscheinlich Venus. Als sie geschaffen wurde, diente sie zur **Anbetung**. Wenn wir die Statue in ein Museum stellen, sehen wir es als Kunstwerk an, aber in Wirklichkeit ist es etwas ganz anderes. Ich frage mich, was der **Bildhauer** denken würde, wenn er sie jetzt sehen würde. Dasselbe gilt für viel religiöse Kunst. Sie waren für Kirchen bestimmt und befinden sich jetzt in Museen. Wir ändern den Zweck dieser Objekte.

Ina: Aber wir **bewahren** sie auch. Es ist falsch, Kunstwerke an Orten zu lassen, an denen sie nicht richtig **gepflegt** werden können. Vielleicht ändert es die Art und Weise, wie wir sie betrachten, aber es bedeutet auch, dass sie gepflegt werden, damit noch viele Menschen sie ansehen können. Das finde ich wichtig.

Elisa: Kann der Künstler entscheiden, wie andere seine Arbeit sehen? Der Bildhauer schuf diese Statue für die Kirche, aber wir sehen das anders. Es gibt verschiedene Möglichkeiten, ein Kunstwerk zu betrachten. Der Künstler kann uns sagen, was er beabsichtigt hat, aber wir können dem Künstler sagen, was wir sehen.

Erik: Eine Frau ohne Arme …

Ina: Sie ist trotzdem sehr schön. Kommt, es gibt noch viel zu sehen.

- *Ästhetik ist der Teil der Philosophie, der sich mit Fragen rund um Kunst und Schönheit befasst. In den letzten Jahren wurde die Ästhetik um **sinnliche** und **geschmackliche** Fragen **erweitert**. Ästhetik befasst sich nicht nur mit Gemälden und Objekten, die traditionell als Kunst bezeichnet werden, sondern mit unserer Wahrnehmung der Welt und warum wir Dinge so wahrnehmen, wie wir es tun. In jüngster Zeit wurde das Konzept dessen, was als „Kunst" gilt, von modernen Bewegungen infrage gestellt, die die traditionelle Sichtweise von Kunst auf neue Extreme getrieben haben. Was Kunst ist und was nicht, basiert auf einer Beziehung zwischen Künstler und Betrachter. Die Definition von Kunst wird ständig infrage gestellt, da neue kreative Grenzen erforscht und **verschoben** werden.*

Vokabular

(die) Höhlenmalereien the cave paintings
(das) Vergnügen the pleasure
erschaffen to create
schätzen to appreciate
(die) Geschöpfe the creatures
erkunden to explore
(der) Gesichtsausdruck the facial expression
(das) Meisterwerk the masterpiece
(das) Kunstwerk the artwork
(die) Vorlieben the preferences
auch bekannt als also known as
überhaupt actually
unvollständiges incomplete
betrachtet (betrachten) to view
(die) Anbetung the adoration
(der) Bildhauer the sculptor
bewahren to maintain, to preserve
gepflegt (pflegen) to look after, to care for
sinnliche sensual
geschmackliche concerning taste
erweitert (erweitern) to extend
verschoben (verschieben) to move, to shift

KAPITEL SECHS: POLITISCHE PHILOSOPHIE

*Ina, Erik und Elisa gehen an den **Hörsälen** der Uni vorbei. Einige Studenten protestieren und einer von ihnen gibt Elisa einen Flyer, auf dem der Grund für den Protest erklärt wird.*

Elisa: Sie protestieren gegen die Erhöhung der **Studiengebühren**. Auf diesem Flyer steht, dass sie im letzten Jahr zehn Prozent gestiegen sind, aber die **Stipendien** nicht **angepasst** wurden.

Ina: Es sieht ganz so aus, als müsste ich noch mehr im Restaurant arbeiten, um die höheren Preise bezahlen zu können.

Erik: Was für ein Restaurant? Ich wusste gar nicht, dass du in einem Restaurant arbeitest! Du hast einen Job und du hast es uns nicht gesagt!

Ina: Ich habe den Job am Samstag nach einem **Vorstellungsgespräch** bekommen. Ich habe bisher nur zweimal dort gearbeitet. Es ist das *Chat Noir*, das Bistro in der *Rue Arbre Vert*. Sie machen ein wunderbares Käsesoufflé. Ich sollte eigentlich nur Freitag- und Samstagabend arbeiten, aber es sieht so aus, als müsste ich mehr arbeiten.

Elisa: Wir müssen dort essen gehen. Ich liebe Käsesoufflé!

Erik: Ich werde meine Eltern um einen weiteren Kredit bitten müssen ...

Ina: Du könntest dir auch einen Job suchen, Erik. Warum fragst du nicht Robert, ob es Jobs in der Cafeteria gibt? Ich bin mir sicher, sie würden sich über die Hilfe freuen.

Erik: Ich hatte noch nie einen Job. Ich wollte aber mal Journalist werden. Ich möchte keine Kuchen servieren und Geschirr spülen.

Ina: Wir können nicht nur unsere Traumjobs haben. Manchmal müssen wir einfach Geld verdienen.

Erik: Und Sklaven des Kapitalismus sein. Nein danke.

Elisa: Das hast du aus Professor Aymards Vorlesung über politische Philosophie. Du klingst ja ganz wie Karl Marx.

Erik: Ich bin kein Kommunist. Aber ich finde es nicht richtig, dass so viele Menschen nur leben, um zu arbeiten. Überall auf der Welt gibt es ausgebeutete Menschen. Wir verkaufen uns für ein winziges **Gehalt**.

Elisa: Wir sind alle im selben System gefangen. Wir können nicht umhin, Geld zu verwenden oder unter **Rechtsstaatlichkeit** zu leben. Wir sind alle Individuen, aber wir sind Teil eines Kollektivs. Ist es nicht das, was es bedeutet, Bürger zu sein?

Erik: Ich interessiere mich sehr für dieses Thema. Ich würde gerne eines Tages ein politischer Journalist sein. Ein Bürger hat bestimmte Rechte, um Teil einer Gesellschaft zu sein, aber auch bestimmte Pflichten.

Ina: Das verstehen wir unter einem **Gesellschaftsvertrag**, oder?

Erik: Genau. Es ist nicht wie ein Vertrag, den wir unterschreiben, sondern eine Art, über unsere Rechte und Pflichten als Bürger einer Gesellschaft nachzudenken. Wir zahlen zum Beispiel **Steuern**. Diese finanzieren Dinge wie Krankenhäuser, Schulen und Renten. Der Staat hat die Pflicht, sich zu verteidigen oder uns gegen Krankheiten zu **impfen**. Aber als Teil eines Staates geben wir auch gewisse Dinge **zugunsten** anderer auf.

Ina: Was meinst du? Was geben wir auf?

Erik: Wir stimmen zu, uns an das Gesetz zu halten. Ich kann in Paris kein Auto mit zweihundert Stundenkilometern fahren. Das wäre ein **Gesetzesbruch** und ich könnte dafür bestraft werden. Ich gebe bestimmte Freiheiten auf, weil dies der Gesellschaft als Ganzes zugutekommt. Wenn in Paris alle zweihundert Stundenkilometer fahren würden, hätten wir ein Problem!

Ina: Aber wer entscheidet, was diese Pflichten und Rechte sind? Es ist ja kein Vertrag, den wir unterschreiben. Wir können nicht wählen, ob wir den Regeln **gehorchen** oder nicht. Was hält einen **Machthungrigen** davon ab, die Kontrolle zu übernehmen?

Erik: John Locke, der Empiriker, argumentierte für den Gesellschaftsvertrag. Er erklärte, dass eine Regierung nur mit dem Willen des Volkes handeln könne. Er **befürwortete** die Demokratie. Demokratie war damals eine radikale Idee. Dem Volk Stimmen zu geben und mit **Mehrheit** zu regieren, war eine relativ neue Idee. Selbst in scheinbar demokratischen Ländern konnten nur die Reichen und Mächtigen wählen. Einfache Leute nahmen kaum an der Demokratie teil.

Elisa: Und da kommt die Revolution ins Spiel? Wie hier in Frankreich, wo die einfachen Leute nicht in der Lage waren, sich zu ernähren oder Arbeit zu finden. Sie **beschuldigten** die aristokratischen Klassen, im Luxus zu leben, während die Menschen hungerten.

Ina: Dasselbe geschah in Russland. Während des 19. und frühen 20. Jahrhunderts waren die einfachen Leute in ganz Europa desillusioniert von der Art und Weise, wie sie von einer mächtigen Elite regiert wurden. Sie sahen den Kommunismus als radikal anderes politisches System, um das zu **stürzen**, was einst als selbstverständlich galt.

Erik: Es gibt viele Ideen, wie man regiert, aber in der Praxis haben sie alle ihre Probleme. In *Politeia* argumentierte Platon, dass Philosophen Könige sein sollten, aber das ist nur eine andere Form der Diktatur.

Elisa: Wäre ein Philosoph nicht ein guter Kandidat, um König zu werden? Ich denke, Professor Aymard wäre ideal.

Erik: Ich würde jeden zwingen, Nietzsche zu lesen! Aber ist es nicht der Punkt, dass eine Person nicht für alle sprechen kann? Es ist das Gegenteil von Demokratie, obwohl die Demokratie, wie sie heute existiert, nicht dieselbe ist wie in Athen.

Ina: Nicht? Ich dachte, die Griechen hätten die Demokratie erfunden.

Erik: Wir leben in einer repräsentativen Demokratie. Wir wählen eine Person, die in unserem Namen in der **Regierung** an **Abstimmungen** teilnimmt. Es hängt von der Region ab, in der wir leben. Es gibt **Vertreter** aus allen Teilen Frankreichs, die sich treffen, um Entscheidungen zu treffen. Aber im antiken Griechenland bestand die Demokratie aus bestimmten Männern, die für die Dinge stimmten, die sie wollten. Es war nicht Sache des einfachen Volkes, sondern nur der Mächtigen.

Ina: Aber unser System ist das beliebteste der Welt, oder? Demokratie, meine ich.

Erik: Ohne Zweifel ist es das, was viele Länder **anstreben**. Aber es gibt alle Arten von Regierungen. Es gibt immer noch kommunistische Länder, Diktaturen, absolutistische Monarchien und Länder, in denen das **Wahlrecht** auf bestimmte Personen beschränkt ist.

Elisa: Das Handeln im Interesse der Mehrheit klingt eher nach Utilitarismus …

Erik: Du hast recht. Das kann zu Problemen führen. Wer kann sagen, was die Mehrheit interessiert? Jean-Jacques Rousseau war ein Schweizer Philosoph, der ebenfalls an die Theorie des Gesellschaftsvertrags glaubte. Aber im Gegensatz zu anderen Theoretikern war er auch daran interessiert, die individuelle Freiheit zu bewahren. Er argumentierte, dass sich ein Individuum als Teil des Gesellschaftsvertrags ganz der Gemeinschaft hingeben müsse. Freiheit wurde in der Anpassung an den Willen des Kollektivs gefunden. Das klingt für mich nach dem genauen Gegenteil von Freiheit. Wer kann sagen, was der allgemeine Wille des Volkes ist? Du hast recht, Elisa, das klingt nach der **Verteidigung** des **Allgemeinwohls** für die Mehrheit, und das stellt die Freiheit des Einzelnen infrage.

Ina: Ich bin froh, dass wir in einem Land leben, in dem wir frei leben können und sowohl Rechte als auch Pflichten genießen. Wir haben Gesetze, die uns schützen und sicherstellen, dass wir in einer gerechten Gesellschaft leben.

Elisa: Nicht unbedingt. Jedes Land hat seine Schwächen und Frankreich hat auch jetzt noch Probleme. Es geht vielmehr darum, was wir anstreben.

Erik: Gerechtigkeit ist ein weiteres wichtiges Thema in der politischen Philosophie. In einem Gesellschaftsvertrag muss jeder von uns glauben, dass die Gesellschaft fair ist und dass wir fair behandelt werden.

Ina: Das fängt bei der Gleichberechtigung an. Das sagt die **Unabhängigkeitserklärung** der Vereinigten Staaten. Ich habe als Kind in Kalifornien gelebt und wir haben es **auswendig** gelernt: „Wir halten diese Wahrheiten für selbstverständlich, dass alle Männer gleich geschaffen sind, dass sie von ihrem **Schöpfer** mit bestimmten **unveräußerlichen** Rechten **ausgestattet** sind, darunter Leben, Freiheit und das **Streben** nach Glück". Heute würden wir Menschen statt Männer sagen.

Erik: John Rawls sagte etwas Ähnliches. Er sagte, wenn ein Gesellschaftsvertrag geschlossen wird, sollte die Gesellschaft unter **Beachtung** der Idee der Gleichheit **verwaltet** werden. Es sollte nicht auf den Reichtum oder Status geachtet werden. Es ist ein Beispiel für Gerechtigkeit als Fairness. Eine gerechte Gesellschaft ist eine Gesellschaft, in der Ressourcen **gleichmäßig** verteilt werden und jeder Mensch ein **Grundrecht** auf Freiheit hat.

Ina: Es klingt gut, für diese Ideen zu argumentieren, aber sie klingen eher nach Utopie als nach Realität.

Elisa: Das ist das Problem aller Theorien. Sie klingen gut, aber die Realität kann ganz anders aussehen. Die menschliche Natur bedeutet, dass wir uns nicht immer so verhalten, wie es von uns erwartet wird.

Erik: Das Wort „Utopie" bedeutet **„nirgendwo"**. Thomas More hat ein Buch mit dem Titel *Utopia* geschrieben, und genau das war sein Argument. Es ist ein Ideal, aber es existiert nicht. Die perfekte Gesellschaft des einen ist die Vorstellung des anderen von der Hölle. Vielleicht ist Politik immer eine Frage des Kompromisses. Es kommt darauf an, dass die Menschen ihren Teil des Vertrags erfüllen.

Kernaussagen:

- *Politische Philosophie umfasst nicht nur politische Systeme wie Demokratie oder Kommunismus, sondern auch Konzepte wie Freiheit, Gerechtigkeit und Rechtsstaatlichkeit. Die meisten politischen Theoretiker haben einen „Gesellschaftsvertrag" vorgeschlagen, bei dem ein Individuum bestimmte Rechte im **Austausch** für bestimmte Privilegien und **Schutzmaßnahmen** **aufgibt**. Das **Ausmaß** dessen, was aufgegeben und was zurückgegeben wird, ist umstritten. Die von der politischen Philosophie aufgeworfenen Fragen sind relevant, seit der Mensch den Subsistenzstaat überwunden und sich in sozialen Einheiten organisiert hat.*

Vokabular

(die) Hörsäle the lecture halls
(die) Studiengebühren the university fees
(die) Stipendien the grants
angepasst (anpassen) to adjust
(das) Vorstellungsgespräch the (job) unterview
(die) Rechtsstaatlichkeit the rule of law
(der) Gesellschaftsvertrag the social contract
(die) Steuern the taxes

impfen to vaccinate
zugunsten in favour of
(der) Gesetzesbruch the breaking of the law
gehorchen to obey
(die) Machthungrigen the power-hungry
befürwortete (befürworten) to support
(die) Mehrheit the majority
beschuldigten (beschuldigen) to accuse
stürzen to overthrow
(die) Regierung the government
(die) Abstimmungen the votes
(der) Vertreter the representative
anstreben to strive
(das) Wahlrecht the right to vote
(die) Verteidigung the defense
(das) Allgemeinwohl the common good
(die) Unabhängigkeitserklärung the declaration of independence
auswendig by heart
(der) Schöpfer the creator
unveräußerlichen inalienable
ausgestattet (ausstatten) to equip
(das) Streben the pursuit
(die) Beachtung the attention
verwaltet (verwalten) to manage, to administer
gleichmäßig evenly
(das) Grundrecht the fundamental right
nirgendwo nowhere
(der) Austausch the exchange
(die) Schutzmaßnahmen the protective measures
aufgibt (aufgeben) to give up
(das) Ausmaß the extent

DRITTER TEIL:
DIE ABSCHLUSSPRÜFUNG

DAS ENDE DES SEMESTERS

*Ina, Erik und Elisa besuchen ihre letzte Vorlesung bei Professor Aymard, bevor die Prüfung **ansteht**. Sie sind traurig, dass ihre **Entdeckungsreise** vorbei ist, aber freuen sich darauf, ihr Studium fortzusetzen. Die Prüfung wird schwierig, aber die drei haben fleißig gelernt.*

Professor Aymard: Es ist immer schade, wenn ein Semester zu Ende geht. Ich lerne so viel von Ihnen, wie hoffentlich auch Sie von mir. Sie haben hoffentlich verstanden, dass die Philosophie ein Dialog ist und dass jeder, egal ob Lehrer oder Schüler, etwas **beizutragen** hat. Die Abschlussprüfung testet Ihr Wissen von der Geschichte der Philosophie von den alten Griechen bis zur Gegenwart, aber auch die hier behandelten Themen, als wir philosophische Ideen auf aktuelle Debatten angewandt haben.

Ina: Was für Fragen werden Sie stellen?

Professor Aymard: Die meisten Prüfungen testen Ihr Wissen zu einem bestimmten Thema oder fordern Sie auf, eine Form der Argumentation auf ein bestimmtes Problem anzuwenden. Aber Philosophieprüfungen sind etwas anders. Stellen Sie sich vor, ich frage: Was ist böse? Was wäre eine gute Antwort?

Elisa: Die Abwesenheit des Guten?

Professor Aymard: Das ist *eine* Antwort und der Anfang einer anderen Frage. Die Fragen klingen so, als würde ich Sie um Ihre Meinung bitten, aber die Kunst besteht darin, die Meinungen anderer in Beziehung zu setzen und sie in eine Antwort **einzubeziehen**, die Ihr eigenes **Verständnis** widerspiegelt. Bei manchen Fragen werden Sie vielleicht einfach aufgefordert, Nietzsches Denken zu einem bestimmten Thema zu beschreiben. Andere Fragen sind allgemeiner: Warum sollten wir das Richtige tun? Was ist Schönheit? Gibt es die Wahrheit?

Ina: Ich glaube, wir haben noch viel zu lernen.

Elisa: Ich kann nicht glauben, was ich alles gelernt habe.

Ina: Ich habe gar nicht bemerkt, wie alles zusammenhängt. Alles macht Sinn. So kommt es mir zumindest vor.

Professor Aymard: Philosophie ist eine Reise. Anders als in anderen Fächern gibt es in der Philosophie keinen Zeitpunkt, an dem man alles über ein bestimmtes Thema weiß. Auch jemand wie ich, der sein Leben lang Philosophie studiert hat, kann neue Ideen haben oder Dinge anders sehen. Deshalb ist es so spannend. Philosophie kennt kein Ende!

Erik: Was kommt danach?

Professor Aymard: Das hängt ganz von Ihnen ab!

Ina, Erik und Elisa verlassen die Vorlesung und gehen gemeinsam zum Café de Flore, wo sie Robert treffen.

Robert: Das war die letzte Vorlesung, richtig? Bereitet Professor Aymard seine **gefürchtete** Prüfung vor?

Elisa: Ich habe keine Angst vor der Prüfung. Wir haben viel gelernt. Es geht nur darum, alles durchzugehen und die Prüfung zu bestehen.

Robert: Das war nicht ernst gemeint! Ich bin mir sicher, ihr werdet die Prüfung meistern. Ich bringe euch Kuchen!

Erik: Ich werde einen Artikel über das Seminar für die Unizeitung schreiben. Ich möchte, dass alle wissen, warum sie Philosophie studieren sollten.

Ina: Es besteht kein Zweifel, dass sich deine Meinung zur Philosophie geändert hat. Bist du jetzt froh, dich für den Kurs angemeldet zu haben?

Erik: Und ob!

Elisa: Ich auch. Ich würde gerne weiterlernen.

Ina: Wir können weiterlernen. Es gibt viele Bücher zu Themen, die wir behandelt haben. Außerdem können wir über Philosophie reden, wann immer wir wollen.

Elisa: Das Seminar war also erst der Anfang!

Ina: Genau!

Ina, Erik und Elisa gehen zur Prüfung. Sie haben während des Seminars hart gearbeitet und viele Stunden gelernt. Vor allem Erik ist überrascht, wie sehr er das Seminar genossen hat, von dem er dachte, es sei nichts für ihn.

Erik (in Gedanken)**:** Ist dieser Hörsaal echt? Das ist eine dieser Fragen, vor denen uns Professor Aymard gewarnt hat. Ich muss die Frage durchdenken und das Gelernte auf das Problem anwenden. Gleichzeitig muss ich überlegen, was andere Philosophen gesagt haben. Das ist also eine Frage über ... Rationalismus und Empirismus, richtig? Das muss es sein! Ist der Hörsaal echt? Descartes würde fragen, ob ich meinen Sinnen vertrauen kann, ob er real ist oder nicht. Ich kann an meinen Sinnen zweifeln und daran zweifeln, dass der Hörsaal existiert. Empiristen würden etwas anderes sagen. Ein Empiriker würde argumentieren, dass ich meinen Sinnen vertrauen kann, selbst wenn die Informationen nicht ganz korrekt sind. Darum geht es in der Frage! Ich kann auch Kants Gedanken **anwenden**. Ich denke, ich werde die skeptische Position annehmen. Ich bezweifle, dass der Hörsaal existiert. Dann werde ich über Wittgenstein sprechen und argumentieren, worüber ich mir sicher sein kann ...

*Nach der Prüfung gehen Ina, Erik und Elisa ins Café de Flore, um ein **wohlverdientes** Stück Kuchen zu essen.*

Ina: Welche Fragen hast du beantwortet? Es gab viele zur Auswahl!

Elisa: Ich habe eine Frage zur Religionsphilosophie und zum Problem des Bösen beantwortet. Ich habe auch die Frage nach Frauen in der Philosophie und die Frage zur Logik beantwortet.

Ina: Du hast die Frage nach der Logik gestellt? Gut gemacht! Für mich war das der schwierigste Teil des ganzen Seminars.

Elisa: Richtig, deswegen habe ich das auch am meisten geübt. Und du, Erik? Welche Fragen hast du ausgewählt?

Erik: Die Frage, ob der Hörsaal echt ist. Es war eine Debatte zwischen Rationalisten und Empiristen. Ich habe die Debatte in beide Richtungen geführt und von Kants Synthese der beiden Positionen gesprochen. Ich habe die Argumentation wirklich genossen. Seltsam, oder? Wer mag schon Prüfungen?

Ina: Diese Prüfung war anders. Ich hatte das Gefühl, als würde ich mich mit einem Freund unterhalten. Ich diskutierte über mich und andere Philosophen und schrieb auf, was alle sagten.

Erik: Ich kann nicht glauben, wie sehr ich das Seminar genossen habe!

Robert kommt mit ihren Getränken an den Tisch.

Robert: Und was jetzt? Werdet ihr zu euren eigentlichen Studienfächern zurückkehren? Das Seminar zur Philosophie ist ja jetzt vorbei.

Elisa: Ich bin mir sicher, dass dieses Seminar mich zu einem besseren Lehrer machen wird. Ich freue mich darauf, die Ideen mit meinen Schülern zu teilen.

Ina: Ich weiß, dass mir die Philosophie helfen wird, besser über alles nachzudenken, was ich in Zukunft lerne. Ich habe gelernt, zu argumentieren und Dinge zu durchdenken.

Robert: Und du, Erik? Was machst du mit dem, was du gelernt hast?

Erik: Ich habe heute Nachmittag nach der Prüfung mit Professor Aymard gesprochen. Ich fragte ihn, ob ich bei ihm studieren könnte. Ich werde ein Forschungsprojekt über Nietzsche machen. Ich bin mir nicht mehr so sicher, ob Journalismus etwas für mich ist. Vielleicht werde ich lieber Akademiker.

Ina: Das ist ja **nicht zu fassen**!

Erik: Wenn ich etwas von der Philosophie gelernt habe, dann, dass man immer überrascht ist über die Gedanken und Handlungen anderer.

Robert: Glückwunsch, Erik! Vielleicht wirst du eines Tages das Seminar leiten …

Vokabular

ansteht (anstehen) to be on the agenda
(die) Entdeckungsreise the journey of discovery
beizutragen (beitragen) to contribute
(das) Verständnis the understanding
gefürchtete feared
anwenden to apply
wohlverdientes well-deserved
nicht zu fassen unbelievable

GLOSSAR

Analyse: Eine Tradition in der Philosophie, die in der angelsächsischen Welt entstanden ist. Sie befasst sich mit Logik und Erkenntnistheorien.

Ápeiron: Anaximander glaubte, dass Apeiron die Basis der Welt sei. Der Name dieser Substanz bedeutet „unbegrenzt". Sie macht alles aus.

Kartesisch: Alles in Bezug auf Descartes.

Konsequentialistisch: Die ethische Theorie, die sich auf die Folgen einer Handlung konzentriert, um den moralischen Wert zu bestimmen.

Kontinental: Die Tradition in der Philosophie, die mit dem Existentialismus und der Phänomenologie verbunden ist. Sie unterscheidet sich von der analytischen Philosophie.

Gesellschaftsvertrag: Die politische Idee, die von verschiedenen Philosophen wie Thomas Hobbes und John Locke dargelegt wurde. In einem Gesellschaftsvertrag verzichtet ein Bürger auf bestimmte Rechte und erhält gleichzeitig den Schutz und die Privilegien des Staates.

Kosmologisch: Alles im Zusammenhang mit der Entstehung des Universums.

Zynisch: Eine dem Stoizismus ähnliche Schule, in der der Sinn des Lebens das Streben nach Tugend im Einklang mit der Natur ist.

Bekenntnis von Nicäa: Ausdruck des christlichen Glaubens. Er wird sonntags während der Messe in den Kirchen rezitiert und wurde 325 n. Chr. vom Konzil von Nicäa entwickelt.

Deontologisch: Eine ethische Theorie, die Handlungen Vorrang vor Konsequenzen einräumt.

Goldenes Mittel: Aristoteles' Idee der Tugendethik. Das goldene Mittelmaß ist der Durchschnitt zwischen übertriebenen und mangelhaften Tugenden. Zum Beispiel ist Mut der Mittelweg zwischen Feigheit und Leichtsinn.

Dualist: Der Glaube, dass Geist und Körper getrennte Einheiten sind.

Kategorischer Imperativ: Die moralische Gewissheit, die jederzeit, überall und für alle Völker gilt. Verbunden mit Immanuel Kant.

Empirismus: Das Gegenteil von Rationalismus. Empiriker betonen die Bedeutung der Sinne als Mittel, um Wissen über die Welt zu erlangen.

Epikureismus: Die philosophische Denkschule, die dem Streben nach intellektuellem Vergnügen Priorität einräumt.

Scholastik: Die vorherrschende philosophische Bewegung im Mittelalter. Die Philosophie wurde der Theologie untergeordnet und diente als Werkzeug für die christliche Apologetik.

Ästhetik: Die Kunstphilosophie. Ästhetik stellt Fragen nach Schönheit und nach dem, woraus Kunst besteht. Sie berücksichtigt die Rolle der Sinne, des Geschmacks und der Vorlieben.

Stoizismus: Die philosophische Perspektive, die die Notwendigkeit lehrte, die Tugenden zu kultivieren, um das Gute zu erreichen.

Situationsethik: Die ethische Theorie, die Joseph Fletcher in den 1960er Jahren entwickelt hat. Sie argumentiert, dass „das Liebevollste zu tun" das einzige Kriterium für ethische Entscheidungen ist.

Existentialist/Existentialismus: Die Perspektive in der Philosophie, die verteidigt, dass Existenz vor Essenz geht. Existentialisten glauben, dass eine Person nicht durch das definiert wird, was sie tut, sondern durch das, was sie ist.

Phänomen: Beobachtbare Aspekte der Welt, die mit den Sinnen erkennbar sind. Zum Beispiel ein Baum.

Hedonisten/Hedonismus: Die philosophische Vision, die das Streben nach weltlichem Vergnügen betont. Hedonismus ist eine Moraltheorie, die das Handeln nach dem Vergnügen bewertet.

Idealist/Idealismus: Die philosophische Ansicht, dass die Objekte in der Welt um uns herum von der Aktivität des Geistes abhängen. Bischof George Berkeley war ein Verfechter des Idealismus.

Das Ding an sich: Die zugrunde liegende Essenz einer Sache (besonders verbunden mit Immanuel Kant).

Logik: Die Untersuchung rationaler Argumente und der Struktur des Denkens.

Monaden: Leibniz' Theorie der letzten und unteilbaren Substanz, die allem zugrunde liegt. Monaden sind theoretische Einheiten.

Noumenon: Das Ding an sich, wie etwas wirklich ist. Zum Beispiel, was es bedeutet, ein Baum zu sein.

Ontologisch: Alles in Bezug auf das Sein.

Pantheismus: Die Ansicht, die Gott als identisch mit dem Universum definiert. Spinoza ist ein Beispiel für einen Pantheisten.

Panteon: In der antiken Religion war ein Pantheon eine Gruppe von Göttern, die in menschlicher Gestalt dargestellt wurden und bestimmte Rollen spielten. Zum Beispiel war Zeus in der antiken griechischen Religion Herrscher der Götter und Gott des Himmels.

Rationalist: Die philosophische Position, die den Gebrauch der Vernunft betont, um endgültige Schlussfolgerungen zu ziehen. Das Zitat „Ich denke, also bin ich" von Descartes ist ein Beispiel rationalistischer Philosophie.

Synthese: Kant dachte, dass unsere Erfahrung und unsere Vernunft eine Synthese zwischen Wahrnehmungen und Begriffen betreiben. Ein Konzept ohne Erfahrung ist nur Fantasie, während Erfahrung ohne Konzepte unmöglich zu verstehen ist.

Tabula rasa: Ein „unbeschriebenes Blatt". John Locke argumentierte, dass unser Verstand bei der Geburt ein unbeschriebenes Blatt ist, das darauf wartet, durch die Sinne mit Wissen gefüllt zu werden. Wir werden nicht mit angeborenem Wissen geboren.

Theodizee: Der Versuch, die Güte Gottes gegen die Existenz des Bösen zu erklären.

Dreieinigkeit: Der Glaube, dass Gott eins und dreieinig ist: Vater, Sohn und Heiliger Geist.

Utilitarismus: Die ethische Theorie, die „das größte Wohl für die größte Zahl" als Kriterium zur Lösung moralischer Fragen betrachtet.

LITERATURVERZEICHNIS

Ayer, Alfred Jules. *Hume.* Oxford University Press. (1980).

Blackburn, Simon. *Oxford Dictionary of Philosophy.* Oxford University Press. (1994).

Blackburn, Simon. *Think.* Oxford University Press. (1999).

Cessario, Romanus. *Introduction to Moral Theology.* The Catholic University of America Press. (2001).

Critchley, Simon. *Continental Philosophy, a Very Short Introduction.* (2001).

Davies, Brian. *An Introduction to the Philosophy of Religion.* Oxford University Press. (1982).

Davies, Brian. *Philosophy of Religion, a Guide and Anthology.* Oxford University Press. (2000).

Davies, Stephen. *The Philosophy of Art.* Blackwell Publishing. (2006).

Ed. LaFollette, Hugh. *Ethics in Practice.* Blackwell Publishing. (2007).

Eds. Ariew, Roger & Watkins, Eric. *Modern Philosophy. An Anthology of Primary Sources.* Hackett Publishing. (1998).

Guthrie, W.K.C. *The Greek Philosophers.* Routledge. (1950).

Heil, John. *Philosophy of Mind, a Guide and Anthology.* Oxford University Press. (2004).

MacCulloch, Diarmaid. *A History of Christianity.* Penguin. (2009).

Magee, Bryan. *The Great Philosophers.* BBC Books. (1987).205

Miller, David. *Political Philosophy, a Very Short Introduction.* Oxford University Press. (2003).

Moran, Dermot. *Introduction to Phenomenology.* Routledge. (2000).

Nagel, Thomas. *What Does it All Mean? A Very Short Introduction to Philosophy.* Oxford University Press. (1987).

Osborne, Richard. *Philosophy for Beginners.* Writers and Readers Publishing. (1992).

Pears, David. *Wittgenstein.* Fontana. (1971).

Read, Stephen. *Thinking about Logic. An Introduction to the Philosophy of Logic.* Oxford University Press. (1995).

Robinson, Dave & Groves, Judy. *Introducing Philosophy.* Icon Books. (1999).

Russell, Bertrand. *History of Western Philosophy.* Routledge. (1946).

Sartre, Jean Paul. *No Exit and Three Other Plays.* Vintage International. (1989).

Solomon, Robert. C. *Introducing Philosophy, a Text with Integrated Readings.* Oxford University Press. (2005).

Sullivan, Roger. J. *An Introduction to Kant's Ethics.* Cambridge University Press. (1994).

Thompson, Mel. *Teach Yourself Philosophy.* Hodder & Stoughton. (2000).

Vardy, Peter & Grosch, Paul. *The Puzzle of Ethics.* Harper Collins. (1994).

Vardy, Peter. *The Puzzle of God.* Harper Collins. (1999).

Warburton, Nigel. *Philosophy: the Basics.* Routledge. (1992).

Welshon, Rex. *The Philosophy of Nietzsche.* Acumen Publishing. (2004).

Wolff, Jonathan. *An Introduction to Political Philosophy.* Oxford University Press. (1996).

ENDE

THANKS FOR READING!

I hope you have enjoyed this book and that your language skills have improved as a result!

A lot of hard work went into creating this book, and if you would like to support me, the best way to do so would be to leave an honest review of the book on the store where you made your purchase.

Want to get in touch? I love hearing from readers. Reach out to me any time at *olly@storylearning.com*

To your success,

Olly Richards

MORE FROM OLLY

If you have enjoyed this book, you will love all the other free language learning content I publish each week on my blog and podcast: *StoryLearning*.

Blog: Study hacks and mind tools for independent language learners.

www.storylearning.com

Podcast: I answer your language learning questions twice a week on the podcast.

www.storylearning.com/itunes

YouTube: Videos, case studies, and language learning experiments.

www.youtube.com/ollyrichards

COURSES FROM OLLY RICHARDS

If you've enjoyed this book, you may be interested in Olly Richards' complete range of language courses, which employ his StoryLearning® method to help you reach fluency in your target language.

Critically acclaimed and popular among students, Olly's courses are available in multiple languages and for learners at different levels, from complete beginner to intermediate and advanced.

To find out more about these courses, follow the link below and select "Courses" from the menu bar:

www.storylearning.com/courses

"Olly's language-learning insights are right in line with the best of what we know from neuroscience and cognitive psychology about how to learn effectively. I love his work!"

Dr. Barbara Oakley,
Bestselling Author of "A Mind for Numbers"

Printed in Great Britain
by Amazon